ANN-CHRISTIN BASSIN

Sicheres Auftreten

Erfolgstraining für ein selbstbewusstes Leben

humboldt

INHALT

VORWORT

Selbstvertrauen – wer von uns wünscht sich das nicht, und wer von uns könnte nicht etwas mehr davon gebrauchen? Ein gesundes Selbstvertrauen ist in unserer Ellenbogengesellschaft unerlässlich: Täglich sind wir im Beruf neuen Herausforderungen ausgesetzt, müssen uns gegen Konkurrenten durchsetzen und in immer neuen Lebenssituationen behaupten. In unserer leistungsorientierten Welt wird Schüchternheit oder eine abwartende Haltung oft als Schwäche ausgelegt. Doch was können Menschen tun, die von Haus aus keine überzeugten Selbstdarsteller sind? Die zwar eine Menge Know-how an Bord haben, sich aber scheuen, im Umgang mit anderen die Ellenbogen auszufahren?

Wenn auch Sie jemand sind, der das eigene Licht lieber unter den Scheffel stellt, als seine Fähigkeiten anzupreisen, wird Ihnen diese Lektüre weiterhelfen. Keine Sorge, Sie sollen nicht zum Angeber mutieren oder Ihren Charakter grundlegend ändern. Es geht nur darum, mehr Selbstvertrauen zu gewinnen und in wichtigen Situationen zu punkten. Denn auch im Privatleben haben Siegertypen die Nase vorn: In Kontaktanzeigen wünschen sich die meisten einen selbstbewussten Partner. Schwierige Zeiten also für zurückhaltende Menschen. Genau denen soll dieser Ratgeber den Rücken stärken. Sie können nämlich einiges tun, um Ihr Selbstvertrauen zu verbessern. Entdecken Sie das Potenzial Ihrer Persönlichkeit.

EINLEITUNG

Selbstsichere Menschen sind erfolgreicher als jene, die sich mit Versagensängsten herumquälen. Bestimmt gibt es auch in Ihrem Bekanntenkreis einen Menschen, den Sie glühend um seine souveräne Art beneiden. Was ist sein Geheimnis und wie können Sie die eigene Unsicherheit besser in den Griff kriegen? Hier erfahren Sie es. Denn es ist im Grunde ganz leicht, selbstsicherer aufzutreten: die Körpersprache, das Vertrauen auf die eigene Stärke – selbst die eigene Stimme lässt sich trainieren. In diesem Buch bekommen Sie nicht nur hilfreiche Informationen und handfeste Tipps, praktische Übungen helfen Ihnen dabei, diese umzusetzen. Damit können Sie Ihren hinderlichen Einstellungen und Blockaden zu Leibe rücken, diese besser verstehen und mit der Zeit auflösen. Sie lernen Ihre irrationalen Sichtweisen kennen und erfahren, wie Sie diese loslassen können. Denn damit machen Sie sich selbst das Leben unnötig schwer.

In diesem Trainingsbuch erfahren Sie etwas über die Hintergründe für Ihr Verhalten. Es geht nicht nur um die Motivation kurz vor einem wichtigen Termin, um etwa eine Präsentation oder ein Vorstellungsgespräch durchzuziehen. Hier lernen Sie, generell mutiger zu werden und den eigenen Standpunkt überzeugend zu vertreten. Vielleicht müssen Sie sich dafür von einigen anerzogenen –

womöglich für die eigene Person nicht passenden – Wertvorstellungen und Normen aus Ihrer Kindheit trennen und Ihr antrainiertes Selbstmitleid überwinden. Das ist nicht leicht, aber der Einsatz lohnt sich: Stellen Sie sich vor, wie es wäre, nie wieder sprachlos zu sein oder nie mehr im Meeting ängstlich und zögerlich mit gesenktem Kopf in der zweiten Reihe zu sitzen, nur, um bloß nicht angesprochen zu werden.

Ich habe diesen Ratgeber in zehn Kapitel aufgeteilt. Im ersten geht es um eine Bestandsaufnahme. Ich erkläre den Begriff Selbstvertrauen und die vier Persönlichkeitsebenen. Außerdem geht es darum, ob es überhaupt möglich ist, sich zu ändern. Im zweiten Kapitel widme ich mich der Ursachenforschung: Warum sind manche Menschen schüchterner und ängstlicher als andere? Was man dagegen tun kann, erfahren Sie im dritten und vierten Kapitel. Die beiden darauf folgenden Kapitel beschäftigen sich mit der Körpersprache und der Stimme. Ich verrate Ihnen Tricks, wie Sie nach außen hin selbstsicherer wirken können. Im siebten Kapitel geht es darum, achtsam mit sich umzugehen und behutsam ein neues Verhalten zu üben. Kapitel acht, neun und zehn beschäftigen sich schließlich ganz konkret mit Veränderungen im Alltag und Umstrukturierungen des Lebens. Wie Sie dabei nicht den Mut verlieren, verrate ich Ihnen ebenfalls.

Ich hoffe, Sie gewinnen beim Lesen dieses Buches nützliche Informationen und bekommen gute Anregungen, um die eigene Unsicherheit zu überwinden. Es geht darum, Altes, Belastendes abzuschütteln und sich stattdessen auf seine Stärken zu konzentrieren. So gewinnen Sie mehr Selbstvertrauen, um ein glücklicheres Leben zu führen. Alles Gute für Sie!

Ann-Christin Baßin

BESTANDSAUFNAHME

Je mehr Nackenschläge Sie in Ihrem Leben einstecken mussten, desto kleiner ist oft das Selbstvertrauen. Viele von uns tragen Ängste, Probleme und Eigenschaften mit sich herum, die bereits in der Kindheit geprägt wurden. Das Problem: Es ist schwer, sie loszuwerden. Lernen Sie hier, sich richtig einzuschätzen.

Selbstvertrauen, was ist das eigentlich?

Selbstbewusstsein, Selbstwertgefühl bzw. Selbstachtung, Selbstvertrauen und Selbstsicherheit sind Worte, die man häufig hört. Doch wie unterscheiden sie sich eigentlich voneinander? Und was ist jeweils damit gemeint? Die Begriffe bezeichnen vier Ebenen einer Persönlichkeit: Selbstbewusstsein bedeutet, dass sich jemand seines Denkens, Handelns und seiner Gefühle bewusst ist. Wer selbstbewusst ist und noch dazu um seinen eigenen Wert als Mensch weiß, hat Selbstwertgefühl bzw. Selbstachtung. Ich nenne hier beide Begriffe zusammen, weil sie etwas ganz Ähnliches bezeichnen, nämlich das Gespür für die eigene Würde, verbunden mit der Zuversicht, den Widrigkeiten des Lebens zu trotzen. Wer das hat, kann sich selbst grundsätzlich gut leiden und findet sich so in Ordnung, wie er ist.

Auf einem starken Selbstwertgefühl fußt wiederum das Selbstvertrauen. Jemand, der auf seine Kräfte und Fähigkeiten baut, und diese auch noch erfolgreich einsetzen kann, hat Selbstvertrauen. Er weiß, dass er sich auf seine Stärken verlassen kann und fühlt sich schwierigen Situationen nicht hilflos ausgeliefert. Daraus resultiert die Selbstsicherheit. Wer selbstsicher ist, setzt sich für die eigenen Interessen ein, ohne die Rechte anderer zu verletzen. Er ist in der Lage, sein Leben selbst zu gestalten und steht auch nicht unter dem Zwang, sich immer durchsetzen zu müssen. Die Selbstsicherheit zeigt sich in der Ausstrahlung, im Auftreten und in dem, was eine Person sagt. Also den Dingen, die wir von außen an jemandem wahrnehmen. Wie Sie sehen, baut eine Persönlichkeits-Ebene auf der anderen auf. Wir werden schrittweise erarbeiten, wie Sie die Ebenen Ihrer Persönlichkeit kennen lernen, also Selbstvertrauen aufbauen, um schließlich mehr Selbstsicherheit zu erreichen.

Neben der körperlichen Gesundheit ist das Selbstwertgefühl das Wichtigste, was ein Mensch besitzt. Es ist unverzichtbar für sein psychisches Wohlbefinden und Erfolg im Leben. Außerdem hat es Einfluss auf die Qualität von Beziehungen. Es hilft dem Menschen, effektiv zu arbeiten und es zu Wohlstand zu bringen. Das Selbstwertgefühl bestimmt, wie wir als Eltern sind, wie wir mit anderen umgehen und wie wir uns selbst behandeln. Forschungen belegen, dass der Grad unseres Selbstwertgefühls sogar Einfluss auf die Gesundheit haben kann. Menschen mit hohem Selbstwertgefühl und einer optimistischen Einstellung werden meist seltener krank – und wenn doch, werden sie wesentlich schneller wieder gesund. Ein angeknackstes Selbstwertgefühl kann sich nicht nur in Gedanken widerspiegeln, auch Verhalten und Gefühle werden davon beeinflusst. Das zeigt sich in Selbstzweifeln bei Misserfolgen, besonders jedoch in dem lähmenden Grundgefühl, nicht gut genug zu sein, in persönlicher Kränkbarkeit und der Unfähigkeit, andere zu akzeptieren, wie sie sind. Im Kontakt mit anderen sind Betroffene oft befangen. Viele Menschen mit nur geringer Selbstachtung leiden zudem an emotionalen Problemen wie Ängsten, Depressionen, Süchten und Schuldgefühlen oder haben Schwierigkeiten mit ihrer Sexualität und Körperlichkeit. Mangelndes Selbstvertrauen äußert sich in Angst vor Ablehnung, Versagensängsten und Perfektionismus. Dass man aus diesem Teufelskreis aussteigen möchte, ist nur zu verständlich.

Ist es überhaupt möglich, sich zu ändern?

Jeder einzelne von uns ist eine Mischung aus seinen Genen und dem, was er im Laufe des Lebens gelernt hat. Unser Verhalten und unsere Persönlichkeit sind noch unter Millionen von Menschen einzigartig. Doch mit dieser Einzigartigkeit gibt es manchmal auch Probleme: Viele von uns machen die Erfahrung, dass sie immer wieder an bestimmte Grenzen stoßen. Vielleicht haben Sie Schwierigkeiten in Ihrer Partnerschaft, weil Sie eingeschnappt oder wütend reagieren, sobald man Sie kritisiert. Oder Sie sind frustriert, weil Sie zu gutmütig sind und sich von Kollegen oder Freunden leicht ausnutzen lassen. Oder Sie wundern sich, dass andere Karriere machen und nicht Sie. Egal, was es auch ist, Sie wissen, dass Sie in bestimmten Lebensbereichen Defizite haben und wollen das ändern. Dazu haben Sie dieses Buch gekauft. Sie haben beschlossen: So kann es nicht weitergehen!

Natürlich, Sie können Ihren Job wechseln, in ein anderes Land ziehen, sich scheiden lassen oder die letzte Zigarette ausdrücken. All das ist relativ einfach. Meist reicht es allerdings nicht, nur die äußeren Umstände zu ändern. Schwierigkeiten, die man vorher hatte, treten danach häufig erneut auf. Man nimmt die Probleme sozusagen immer mit: in den nächsten Job, ins nächste Land, in die nächste Beziehung. **Dauerhafte Veränderungen sind nur erfolgreich, wenn es auch im Kopf „klick" macht.** Wer eine grundlegende Veränderung möchte, kommt also nicht darum herum, an sich selbst zu arbeiten.

Zum Macher werden

Denn nicht wenige Menschen geben anderen die Schuld für ihre Misere. Aber wer sich stets als Zielscheibe für die Gemeinheiten anderer sieht, macht es sich zu leicht: „Ich kann nichts dafür, das haben die anderen verbockt. Sollen die sich doch ändern!", heißt es oft trotzig. Die Mutter, der Exfreund oder das Schicksal – es ist leicht, einen Schuldigen für das eigene Unglück zu finden. Aber so entwickelt sich vor allem ein Gefühl: Ich bin ein Opfer. Das ist eine kindliche Einstellung. Wer so denkt, lehnt die Verantwortung für das eigene Verhalten ab. Schließlich ist man immer an einer Situation beteiligt und hat damit auch die Möglichkeit, sie zu beeinflussen. Verlassen Sie also die Opferposition! Nur Sie können Ihr Leben in die Hand nehmen. Erleben Sie sich als Macher, nicht als Spielball der anderen. Nichts ist besser für Ihr Selbstvertrauen! In Zukunft werden Sie knifflige Lagen von vornherein besser einschätzen können und entsprechend reagieren. Denn Sie können Ihr Selbstvertrauen unabhängig von Ihrer Vergan-

ERZWUNGENE VERÄNDERUNGEN

Nun gibt es manchmal auch den Zwang zur Veränderung. Das heißt, äußere Umstände zwingen uns dazu, zum Beispiel durch eine Lebenskrise: die Trennung vom Partner, die Kündigung im Job oder der Tod eines nahen Angehörigen. All das erschüttert uns in unseren Grundfesten. Plötzlich ist nichts mehr so, wie es war. Wir treiben wie Schiffbrüchige in der tosenden See des Lebens, ohne Aussicht auf das rettende Ufer. Man hadert mit dem Schicksal, will, dass möglichst alles wieder so wird wie früher. Aber das geht nicht.

Da hilft nur die Einsicht, dass in jeder Krise auch eine Chance steckt. Und die sollten Sie nutzen. Denn haben wir gelernt, uns selbst zu vertrauen, fühlen wir die eigene Kraft, auch mit schweren Schicksalsschlägen besser umgehen zu können.

genheit stärken! Es ist nie zu spät, sich zu verändern und ein hohes Maß an Selbstsicherheit zu gewinnen. Und wenn Sie erstmal ohne Wenn und Aber an sich glauben, wird das ein wunderbarer Moment sein!

Was Sieger auszeichnet

Beneidenswert, diese Siegertypen, die anscheinend mit jeder Situation – und sei sie noch so schwierig – fertig werden! Woran liegt es eigentlich, dass manche Menschen sich so schwer tun, andere das Leben hingegen spielend meistern? Das eigene Schicksal positiv beeinflussen zu können, ist ein Merkmal von Menschen, die Krisen überwunden haben. Wer aus der Krise finden will, muss die Opferrolle verlassen und aktiv werden. Das ist alles eine Frage des Selbstvertrauens.

Manche haben es da allerdings leichter als andere, denn ihnen wurde schon früh der Start erleichtert: Ob jemand voller Mut, Zuversicht und Souveränität die Dinge anpackt, ist weitgehend eine Frage der Erziehung. Das haben neueste Erkenntnisse der Entwicklungspsychologie ergeben. Wer als Kind liebevoll umsorgt wurde, hat meist auch eine optimistische Lebenseinstellung. Er hat von klein auf ein Urvertrauen in das eigene Handeln aufgebaut und wird später als Erwachsener auch vor größeren Herausforderungen nicht zurückschrecken. (Die dafür notwendige Kraft und den Optimismus bringt er mühelos auf.) Die Erfahrung, dass es immer jemanden gibt, auf den man sich verlassen kann, prägt, und gibt Kraft. Die Frustrationstoleranz ist hoch, man besitzt Durchhaltewillen und lässt sich von Misserfolgen nicht so schnell entmutigen. Daher sollten Eltern darauf achten, dass Ihr Nachwuchs Widerstandsfähigkeit, Flexibilität und innere Stärke entwickelt. Erziehung sollte sich nicht an den Defiziten und Schwächen des Kindes orientieren, sondern gezielt seine inneren Stärken fördern. Wem das nicht vergönnt war, der erfährt im folgenden Kapitel genauer, was er gegen die eigene Unsicherheit tun kann

Kindheitsdämonen aufspüren

Sind Sie leicht ins Bockshorn zu jagen oder trauen Sie sich nur wenig zu? Dann leiden Sie heute noch an der Geringschätzung, die man Ihnen als Kind entgegengebracht hat. Die Dämonen Ihrer Kindheit haben Sie fest im Griff. Bevor Sie sich ihnen beugen, sollten Sie sich daran machen, diese aus Ihrem Leben zu verbannen.

Die Sicht auf das eigene Ich wird im Elternhaus geprägt. Wenn die Zuneigung und Aufmerksamkeit der Eltern nicht groß genug ist oder diese unfähig sind, ihre Liebe zu zeigen, kann bei einem Kind ein lebenslanges Defizit entstehen. Es fragt sich: „Was mache ich falsch? Was ist los mit mir, dass mich Mutter und Vater so wenig beachten?" Darauf gibt es für das Kind zwei mögliche Antworten:

Innere Dämonen können im Laufe unseres Lebens immer wieder für Verunsicherung sorgen, uns im Extremfall sogar scheitern lassen.

- Ich bin zu unvollkommen und habe die Liebe nicht verdient.
- Was ich mir wünsche, ist irgendwie falsch.

Wer sich selbst als bedeutungslos und seine Wünsche als unpassend erlebt, ist verletzlich und kann nur mühsam Selbstwertgefühl aufbauen. Er wird mit Scham auf Niederlagen, Fehlschläge und Konflikte reagieren. Wenn die Eltern nicht nur emotional abwesend sind, sondern ihren Nachwuchs auch noch demütigen, tadeln, lächerlich machen und bestrafen, wird sein Selbstwertgefühl noch weiter geschwächt. Leider benutzen immer noch viele Eltern Demütigungen als Erziehungsmethode, um ihrem Kind unerwünschte Verhaltensweisen abzugewöhnen. Sätze wie: „Aus dir wird nie ein guter Sportler!", „Du kannst nicht mit Geld umgehen!", „Ballett hat bei dir keinen Zweck" oder gar „So mag dich keiner" graben sich tief ins Unterbewusstsein ein. Viele Menschen nehmen diese frühen Botschaften in sich auf, und sie werden zu Grundüberzeugungen. Ob berechtigt oder nicht, behindern sie unsere positive Entwicklung.

TEUFELSKREIS: SELF FULFILLING PROPHECY

Diese inneren Glaubenssätze können unser ganzes Leben negativ beeinflussen. Vor allem, wenn es keine erwachsene Bezugsperson gab, die ausgleichend und unterstützend wirkte. Also jemanden, bei dem sich das Kind geschätzt, geachtet und geliebt fühlte. Die Glaubenssätze tauchen später immer wieder wie ungebetene Gäste in schwierigen Situationen auf, in denen wir uns bewähren müssen. Diese inneren Dämonen sorgen für große Verunsicherung. Wir bekommen in wichtigen Momenten Angst zu versagen. Und es tritt ein, was die Amerikaner „Self fulfilling prophecy" nennen, die sich selbst erfüllende Prophezeiung: Wir versagen tatsächlich, gerade weil die Furcht davor so groß ist. Ein Teufelskreis.

Gelegentliche Selbstzweifel beschleichen jeden von uns. Aber es gibt Menschen, die sind in ihrem tiefsten Innern überzeugt, nichts wert zu sein. Bedenklich werden diese kritischen Gedanken, wenn sie den Alltag beherrschen. Selbst wenn es in Ihrem Fall nicht ganz so dramatisch gewesen ist, können Sie sich sicher an einige Glaubenssätze aus Ihrer Kindheit erinnern. Bei genauer Prüfung werden Sie feststellen, dass die negativen Aussagen über Sie (von Eltern, Lehrern etc.) zwar nicht (mehr) zutreffen, aber immer noch Wirkung auf Sie haben, Sie an einer positiven Entwicklung hindern. Lassen Sie diese Glaubenssätze niemals die Oberhand gewinnen! Schalten Sie Ihre inneren Kindheitsdämonen endlich aus.

▶ Praktische Übung

Haben auch Sie innere Glaubenssätze, die Sie seit Ihrer Kindheit quälen und womöglich an einer positiven Entwicklung hindern? Überlegen Sie mal! Schreiben Sie diese auf. Vielleicht ist es nur ein Satz, der Ihnen einfällt, vielleicht sind es sogar mehrere. Schneiden Sie anschließend jeden Satz einzeln aus und befestigen Sie ihn mit Malerkrepp an einem Stein. Das kommt Ihnen albern vor? Macht nichts! Probieren Sie es aus, diese Übung ist unglaublich befreiend. Ich habe sie bei einem Coaching-Seminar kennengelernt, das ich als Journalistin ein Wochenende lang begleiten durfte.

Nun kommt der zweite Teil der Übung:

Packen Sie die Wackersteine mit Ihren Glaubenssätzen in einen Einkaufsbeutel. Schleppen Sie diese den ganzen Tag mit sich herum, oder spielen Sie mit dieser Tasche in der Hand Tennis! Dann können Sie im wahrsten Wortsinn erleben, wie sehr Sie die Aussagen von früher „beschweren".

Da gibt's nur eins: Weg damit! Befreien Sie sich von diesem Ballast. Suchen Sie sich einen ruhigen Ort, am besten auf einer Wiese, einem Hügel oder an einem einsamen Strand – und dann schmeißen Sie jeden Stein im hohen Bogen weg. Ruhig mit einem lauten Schrei. Werfen Sie die inneren Saboteure aus Ihrem Leben! Sie werden spüren, wie erleichtert Sie danach sind!

Beobachten Sie in der nächsten Zeit genau, wann die inneren Glaubenssätze wieder auftauchen. Haben Sie einige vielleicht doch schon verinnerlicht? Sie sollten Ihnen jetzt nichts mehr anhaben können. Also identifizieren Sie sich auch nicht damit. Wenn es Ihnen gelingt, die alten Glaubenssätze zwar noch wahrzunehmen, nach dem Motto: „Aha, da sind sie wieder!", ihnen jedoch keine Bedeutung mehr beizumessen, geht es Ihnen sofort besser. Bleiben Sie in solchen Momenten also ganz im Hier und Jetzt und lassen Sie sich nicht dazu verleiten, die alte Leidensgeschichte wiederzubeleben! Verbieten Sie sich diese negativen Gedanken und lenken Sie sich ab. Wichtig ist, den ständigen Teufelskreis aus Groll und Selbstvorwürfen zu stoppen.

Unsichere Eltern, unsicheres Kind

Eltern beeinflussen das Selbstwertgefühl ihres Nachwuchses nicht nur durch Bestätigung (positiv) oder Demütigung (negativ), sondern auch durch ihr eigenes Leben. Sie sind Vorbilder für ihr Kind, mit denen es sich stark identifiziert. Wenn die Mutter oder der Vater sich selbst als schwach, unsicher, irritierbar und in irgendeiner Weise minderwertig fühlt, dann entwickelt ihr Sprössling nicht selten ein ähnlich schwaches Selbstwertgefühl. Und wer sich selbst nicht achten und wertschätzen kann, für den ist das ganze Leben extrem anstrengend und belastend.

Befreien Sie sich von dem alten, hemmenden Ballast!

Schwache Eltern machen Fehler. Es bringt jedoch wenig, ihnen zu grollen oder mit dem Schicksal zu hadern. Zum Erwachsenwerden gehört, dass wir unsere Mutter und unseren Vater als Menschen verstehen und sie nicht nur danach beurteilen, wie gut sie ihre Rolle als Eltern ausgefüllt haben. Wenn der Blick auf die Eltern vorwiegend negativ ist, sieht man auch einen Teil von sich selbst als negativ an und lehnt ihn ab. So fehlt in schwierigen Situationen die Zuversicht, aus eigener Kraft eine Veränderung herbeizuführen. Doch jeder Mensch hat neben Schwächen auch Stärken und Kompetenzen. Auch diese haben wir von unseren Eltern mitbekommen. Mutter und Vater haben uns vielleicht Humor, Willensstärke, Kampfgeist oder Loyalität mitgegeben. Schließlich sind wir ja eine Mischung aus beiden. Um ihnen zu verzeihen, bietet sich folgende Übung an.

▶ **Praktische Übung**

Nehmen Sie sich einen Zettel und schreiben Sie auf, womit Ihre Eltern Sie als Kind verletzt haben. Dort kann z.B. stehen: „Mutti, du hättest dir früher mehr Zeit für mich nehmen sollen." Oder „Warum hast du mich vor meinen

Freunden bloßgestellt?" Oder „Papa, warum hast du mich nie in den Arm genommen?" Oder „Vater, warum warst du oft so ein Feigling?"

Schreiben Sie dann auf einen zweiten Zettel Ihre eigenen Versäumnisse Ihren Eltern gegenüber. Sicher haben auch Sie Ihre Mutter der Ihren Vater ein paar Mal enttäuscht. „Ich hätte nicht ohne eure Erlaubnis die ganze Nacht wegbleiben dürfen." Oder „Ich hätte mich mehr um euch kümmern müssen, als Vater krank wurde." Sich negative Botschaften bewusst zu machen, mag im Moment schmerzhaft sein, vor allem aber gibt es Kraft – so paradox dies vielleicht klingt. Denn es ist der erste Schritt, die eigene Persönlichkeit zu entfalten, eine eigene Ausstrahlung zu entwickeln.

Legen Sie anschießend beide Zettel in einen Briefumschlag und diesen dann beiseite. Sie werden erleben, dass der Groll auf Ihre Eltern / Ihre Mutter / Ihren Vater allmählich nachlässt. Das kann einige Wochen oder auch Monate dauern.

Das Versteckspiel mit Emotionen

Kinder, die im Sinne des abwertenden Erziehungsmodells aufgewachsen sind, haben später meist mit vielen Problemen zu kämpfen. Mussten sie auch Wut und Aggression unterdrücken, tun sie sich im späteren Leben schwer, mit ihren Emotionen richtig umzugehen. Wer auf die harte Tour gelernt hat, dass es gefährlich ist, wenn andere zu viel über ihn wissen, legt sich manchmal sogar ein Pokerface zu: Die anderen sollen nicht merken, was er wirklich empfindet.

Ein Freund von mir wuchs in einem katholischen Jungeninternat auf. Da er eher klein, schüchtern und schmächtig war, wurde er anfangs von seinen Mitschülern gehänselt. Sie dachten sich sogar drakonische Strafen für ihn aus: So musste er zum Beispiel stundenlang auf einer Metallschiene im Kleiderschrank knien und dabei mit ausgestreckten Armen einen Bücherstapel halten. Wenn er sich rührte, setzte es Schläge von den Älteren. Niemand half ihm. In dieser schweren Eingewöhnungszeit, mit elf Jahren, lernte er, seine Gefühle zu verbergen. Danach weinte er nicht mehr und ließ sich kaum noch Gefühlsregungen anmerken. Damals, als er schikaniert wurde, mochte das eine vernünftige und wirksame Reaktion gewesen sein, um Angriffe abzuwehren. Die Überlebensstrategie von damals gereicht ihm heute allerdings zum Nachteil: Denn seine Zurückhaltung ist zur Gewohnheit geworden und führt leicht zu Missverständnissen. „Meine größte Schwäche ist es, Emotionen nicht nach außen sichtbar machen zu können", sagt er selbst. Seine Liebesbeziehungen scheitern meist schon nach kurzer Zeit, weil es ihm nicht gelingt, seine Gefühle ehrlich zu zeigen. In der Liebe ist das fatal. Er hat nicht gelernt, anderen zu vertrauen und sich zu öffnen. Zu tief sitzt die Angst, sich seinem Gegenüber auszuliefern, wenn er authentisch reagiert. Doch diese Annahme ist falsch und gilt nicht länger. Mein Freund führt andere Menschen in die Irre, indem er sich nicht so gibt, wie er wirklich ist. Auch wenn es anfangs riskant erscheint: Er würde es seinen Mitmenschen leichter machen, ihm näher zu kommen, wenn er auch seine empfindsame und verständnisvolle Art leben könnte. Da er das nicht tut, haben die meisten anderen nach wie vor den Eindruck von einer kühlen, distanzierten Person. Er vergibt sich damit viele Chancen. Wenn er nicht an sich arbeitet, wird er wohl nie wirklich glücklich werden – es sei denn, er trifft auf eine Partnerin, die sich die Mühe macht, hinter seine unnahbare Fassade zu schauen.

Sich von alten Denkmustern lösen

Für viele Menschen ist ihr Selbstwert ausschließlich von eigenen Leistungen abhängig. **Jedes Urteil über sich ist das Ergebnis eines Vergleichs.** Dabei orientieren sie sich immer an Menschen, die besser sind als sie, weil sie es so gewohnt sind. Meist waren ihre Eltern besonders ehrgeizig und haben ihren Sohn oder ihre Tochter stets zu Höchstleistungen angetrieben und mit Geschwistern oder Klassenkameraden verglichen. Später versuchen diese Kinder dann auch noch als Erwachsene, den Erwartungen ihrer Eltern zu entsprechen – und scheitern nicht selten an diesen Ansprüchen. „Andere in meinem Alter sind schon längst Abteilungsleiter", sagen sie sich zum Beispiel resigniert. Wer als Erwachsener diese strenge, anerzogene Norm der Eltern beibehält, kann Frustrationsgefühle entwickeln. Ihre eigenen Kompetenzen und Fähigkeiten kennen die Betroffenen oft gar nicht.

Da hilft nur, sich von alten Denkmustern zu lösen und sich nicht mehr an fremden, sondern an eigenen Normen zu orientieren. Die Kriterien, nach denen Sie eigene Erfolge und Misserfolge bewerten, sollten also grundsätzlich überdacht werden, wenn Sie an Selbstzweifeln, chronischer Überforderung oder Unzufriedenheit leiden. Schließlich ist Erfolg nicht mit einer Beförderung oder mit viel Geld gleichzusetzen. Erfolg haben bedeutet auch, ein gesundes und glückliches Leben zu führen.

Wem es an Selbstwertgefühl fehlt, der muss nicht resignieren. Der Selbstwert ist nicht irgendwann fest zementiert, sondern eine veränderbare Größe. Man kann auch als Erwachsener noch lernen, sich selbst zu mögen und sich die Anerkennung zu geben, die man verdient. Für Frauen ist es oftmals noch schwerer, sich von alten Denkmustern zu befreien. Die meisten Frauen sind viel zu höflich. Als Mädchen haben sie gelernt, zu allen nett zu sein. In vielen erwachsenen Frauen schlummert unbewusst immer noch die Angst, sich unbeliebt zu machen, wenn sie ihre Ansprüche durchsetzen.

Positiven Blick auf sich selbst werfen

Woher kommen diese ständigen Selbstzweifel und der Drang, es allen recht machen zu wollen? Und wie können

Sie lernen, sich selbst mehr zu mögen und sich mehr zuzu-
trauen? Wie Sie schon gelesen haben, ist es wichtig, den
Blick nach vorn zu richten. Es hilft Ihnen nicht, die Schuld
für Ihr geringes Selbstvertrauen in der Vergangenheit
zu suchen. Der Blick zurück soll uns lediglich helfen, die
Zusammenhänge besser zu verstehen. Jetzt geht es darum,
die Initiative zu ergreifen, um sich selbst ein lebenswertes
Leben aufzubauen.

Sich einzugestehen, dass in der Kindheit erworbene Verhaltensmuster Ihnen heute Probleme bereiten, ist schon
ein großer Schritt. Viele Menschen verdrängen das. Entweder, weil es ihnen zu weh tut, sich mit einer leidvollen
Vergangenheit auseinanderzusetzen oder sie verleugnen
ihre Schwierigkeiten, weil sie sich dann nicht verändern
müssen. Und das ist – scheinbar – der leichtere Weg. Doch
man überwindet auf diese Weise gar nichts, sondern wird
immer wieder Opfer seiner unangenehmen Erfahrungen.
Der Schlüssel zum Glück liegt in der positiven Selbstbe-
trachtung. Das werden Sie hier Schritt für Schritt lernen.

Wenn Sie selbst bislang nicht sonderlich begeistert von
sich waren, haben Sie jetzt eine ziemliche Wegstrecke vor
sich. Aber bleiben Sie am Ball! Es lohnt sich! Bestimmt
wird es Ihnen dann am Ende gelingen, sich so zu lieben, wie
Sie sind! Sie werden lernen, Ihren Körper zu mögen und
negative Gedanken in positive zu verwandeln. Sie erkennen
Überzeugungen, die Sie und Ihr Leben einschränken, und
Sie legen diese allmählich ab. Sie vergeben sich selbst und
anderen. Sie verwandeln Ihre Schwächen in Stärken.

ERFOLGREICHES EIGEN-COACHING

In diesem Kapitel sollen Sie aktiv werden. Hier biete ich Ihnen ganz komprimiert praktische Übungen an. Unser Selbstvertrauen steigt, wenn wir uns auf unsere Erfolge, Fähigkeiten und Stärken konzentrieren. Daher sollten Sie Ihren eigenen Leistungen viel mehr Anerkennung zollen.

Sich selbst würdigen

Doch das mit der Anerkennung der eigenen Leistungen wird uns leider oft schon in der Kindheit ausgetrieben. Man darf nicht stolz auf sich sein, bloß nicht angeberisch werden! Das Verhältnis von Lob und Kritik liegt im Durchschnitt bei 1 : 12. Das heißt, dass ein Kind im Durchschnitt für jedes Lob, das es von seinen Eltern erhält, zwölfmal kritisiert wird. Daran wird deutlich: Wir konzentrieren uns eher auf negative Ereignisse statt auf Erfolge. Bis zu seinem 18. Lebensjahr hört ein Kind etwa 150 000-mal das Wort „nein" oder erfährt, was es nicht tun darf. Kein Wunder also, dass unsere Gedanken als Erwachsene zu 75 Prozent negativ sind. Höchste Zeit also, das zu ändern!

Sicher gibt es in Ihrem Leben auch viele Dinge, auf die Sie stolz sind. Das müssen keine herausragenden Erfolge sein. Vielleicht haben Sie in der Schule ein anderes Kind beschützt, als es verprügelt werden sollte. Oder Sie sind ganz allein auf Globetrotter-Tour gegangen, haben Opas 70. Geburtstag organisiert, schwierige Verhandlungen im Job erfolgreich zu Ende gebracht, sich nach einem Streit mit jemandem versöhnt. Schreiben Sie alles auf, was Ihnen dazu einfällt.

„ICH-BIN-TOLL-ZETTEL"

Nehmen Sie sich erneut Block und Stift zur Hand und überlegen Sie in aller Ruhe, was Sie auszeichnet. Schreiben Sie drei Dinge auf, die Sie sehr gut können oder drei Eigenschaften, die Sie an sich mögen. Fallen Ihnen keine Eigenschaften ein, fragen Sie Ihre Freunde. Warum treffen die sich gern mit Ihnen? Auch diese Zettel bieten in schwierigen Zeiten wunderbar Trost. Sie können den Zettel, der für Sie im Augenblick am wichtigsten ist, an den Badezimmerspiegel kleben oder ihn in Ihren Geldbeutel stecken.

Wertvolle Erinnerungen

Sicher haben Sie schon erlebt, wie viel Spaß es macht, in alten Erinnerungen zu kramen. Dabei kommen einem oft wunderbare Erlebnisse ins Gedächtnis zurück und man kann prima seinen Gedanken nachhängen. Denn die meisten kleinen Dinge, die man über Jahre hinweg liebevoll aufbewahrt hat, haben einen ganz besonderen Wert. Eine zerknickte alte Kinokarte zum Beispiel. An den Film kann man sich kaum noch erinnern. War auch nicht so wichtig. Schließlich ging es gar nicht darum, was sich auf der Leinwand tat. Vielmehr spielte Thomas aus der Nachbarklasse die Hauptrolle. Als es im Saal dunkel wurde, haben Sie in der letzten Reihe hingebungsvoll mit ihm geknutscht. Zum allerersten Mal so richtig ... Und schon gehen die Gedanken zurück in die Teenagerzeit.

In dieser Übung geht es also um Momente, in denen Sie sich besonders wohl gefühlt haben oder glücklich waren. Kramen Sie in alten Erinnerungen! Diese legen lange verschüttete Gefühle frei. Und das wirkt motivierend. Weil Erinnerungen immer mit Emotionen verbunden sind, können Sie diese abrufen, wenn Ihnen danach zumute ist.

Vielleicht denken Sie jetzt an einen Strandspaziergang mit wunderschönem Sonnenuntergang im Urlaub oder an ein Picknick im Wald. Haben Sie noch einen Kiesel, eine Muschel oder einen Tannenzapfen, irgendetwas, das Sie an diesen schönen Augenblick erinnert? Mein Freund hütet einen Kiesel vom höchsten Berg, auf dem er bisher gewesen ist: der Pico Espejo in Venezuela, 4 765 m hoch. Der kleine Stein liegt auf seinem Schreibtisch, stets griffbereit, wenn mein Freund gute Ideen braucht. Den beschwerlichen Aufstieg geschafft zu haben, macht ihm stets aufs Neue Mut, wenn es um aktuelle Herausforderungen geht.

▶ **Praktische Übung**

Mein Vorschlag: Schaffen Sie sich eine Schachtel mit Requisiten aus lauter Wohlfühl-Momenten an. Darin könnten zum Beispiel auch Sieger- oder Ehrenurkunden aus der Schulzeit liegen. Der erste Zahn Ihres Kindes. Das Lieblingsbuch aus Ihrer Jugend. Fotos von Ihrer Clique. Musik von damals. Die Brosche von der Lieblingsoma. Vielleicht haben Sie noch eine Kleinigkeit, die Sie sich vom ersten, eigenen Geld gekauft haben. Einen Liebesbrief von Ihrem Partner. Postkarten von guten Freunden. Sie verstehen schon – alles Positive hinein in die Schachtel. Sie werden sehen, es macht Spaß, all diese netten Symbole zusammenzutragen. Plötzlich ist man wieder mittendrin in der „schönen alten Zeit"! Nehmen Sie sich die Muße, in Erinnerungen zu schwelgen. Uns bleibt sonst so wenig Gelegenheit dazu. Mit dieser Aktion vergegenwärtigen Sie sich Erfolge und schöne Momente Ihres Lebens. Das ist ein großes Kapital für trübe Tage, die es leider immer mal gibt. Nur mit einem Unterschied: In solchen tristen Augenblicken haben Sie jetzt einen Mut-Mach-Schatz zur Hand. Nutzen Sie diese Möglichkeit! Sie werden erleben: Sobald Sie den Deckel heben, steigt Ihre Laune.

Mit dieser Methode helfen Sie auch Ihrer Beziehung auf die Sprünge, wenn diese im Alltagsgrau zu ersticken droht. Denken Sie an die aufregende erste Nacht oder die lustige Party, auf der Sie Ihren Freunden stolz den neuen Lover präsentiert haben.

Gucken Sie sich alte Fotoalben an. Am besten gemeinsam mit Ihrem Partner. Hören Sie die Schmusemusik von damals. Weißt-du-noch-Geschichten frischen jede Liebe auf.

Tupfen Sie sich das Parfüm auf, das Sie beim Kennenlernen benutzt haben, und schließen Sie die Augen. Düfte haben eine direkten Draht zum „Gefühlsgedächtnis".

Sie sollen eine besonders schwierige Situation im Job meistern? Lassen Sie frühere Erfolge vor Ihrem inneren Auge Revue passieren. Oder kramen Sie auch hier in alten Zeugnissen oder Auszeichnungen. Schauen Sie sich Ihr Gesellenstück, Ihren Meisterbrief, einen besonders gut gelungenen Artikel oder Fotos von früher an. Dadurch werden das Selbstvertrauen gestärkt und eventuelle Ängste abgeschwächt.

NEUES VERHALTEN ÜBEN

Glauben Sie mir: Es zu schaffen, über sich selbst hinauszuwachsen, ist das schönste Geschenk. Dieses Geschenk können Sie nur sich selbst machen. Um seine Ziele zu erreichen, braucht man Köpfchen und Risikobereitschaft. Logisch, werden Sie jetzt denken, anders geht's nicht. Doch Wissen allein genügt nicht, Sie müssen auch danach handeln.

Kalkulierte Risiken eingehen

Das Handeln wiederum scheuen viele, weil es ein Risiko birgt. Zu groß ist die Angst zu scheitern, in eine peinliche Lage zu geraten oder eine Abfuhr zu kassieren. Persönliches Wachstum setzt jedoch voraus, dass Sie wissen, was Sie wollen, und anschließend Risiken eingehen, um es zu bekommen. Dafür müssen Sie anfangen, anders zu handeln als in der Vergangenheit. Hier kommen Übungen für den Alltag, bei denen Sie kalkulierbare Risiken eingehen können. Machen Sie jede Woche eine dieser Übungen. Sie helfen Ihnen, mutiger zu werden!

▶ **Praktische Übungen**

- Erledigen Sie einen unangenehmen Anruf, den Sie schon lange aufschieben.
- Bieten Sie jemandem Ihre Hilfe an oder übernehmen Sie ein Ehrenamt.
- Machen Sie der Verkäuferin im Supermarkt ein Kompliment.
- Werfen Sie dem Straßenmusiker eine Münze in den Hut, bleiben Sie stehen und lauschen Sie seiner Musik.
- Leihen Sie sich bei Ihrer Nachbarin ein Ei / Werkzeug aus.
- Bitten Sie jemanden um Unterstützung beim Tapezieren / Boden aufräumen / bei der Steuererklärung etc.
- Gehen Sie mal allein ins Restaurant zum Essen. Halten Sie die neugierigen Blicke der anderen aus. Das stärkt Ihr Selbstvertrauen.
- Setzen Sie sich vor Beginn einer Theatervorstellung kurzerhand um, wenn die Reihe vor Ihnen leer ist.
- Verbringen Sie auch mal Ihren Geburtstag, Weihnachten oder Silvester allein, wenn die Umstände Sie dazu zwingen. Suchen Sie sich nicht auf Teufel komm raus Gesellschaft. Beobachten Sie, was dann an Gedanken und Gefühlen in Ihnen hochkommt. Das kann sehr bereichernd sein. Außerdem macht es stolz, diesen Tag nur mit sich selbst gut überstanden zu haben.

Stolpersteine

Sie wissen nun, dass Sie Ihr Selbstvertrauen selbst aufbauen und verstärken können. Es ist die Grundvoraussetzung jeder Veränderungsarbeit. Sowohl Hilflosigkeit
als auch Tatkraft sind erlernte Reaktionsmuster, lassen
sich also auch wieder „verlernen". Natürlich können Sie
nicht frei wählen, was in Ihrem Leben geschieht. Doch
wie Sie darauf reagieren, liegt schon bei Ihnen. **Sie sind
also nicht Opfer der Umstände, sondern Gestal-
ter Ihres Lebens.** Wer konkrete Veränderungen bei sich
erzielen möchte, muss wissen, wo er steht und in welchem
Lebensbereich die Veränderung stattfinden soll (Beruf,
Familie, Partnerschaft, soziales Umfeld, Intimsphäre). Das
Ziel sollte also klar umrissen sein. Je genauer, desto besser. Dabei gelten ganz bestimmte Kriterien.

Das Veränderungsvorhaben sollte positiv formuliert
und SMART sein. Das bedeutet:
- **S** pezifisch (Wann starten? Wie genau? Wo soll es sein?)
- **M** essbar (so dass man weiß, wann man es erreicht hat)
- **A** ttraktiv (für mich!)
- **R** ealistisch (Ziel ist unter bestehenden Umständen
  erreichbar)
- **T** erminiert (Zeitpunkte fürs Ziel definieren, evtl. Teil-
  ziele formulieren)

Diese konkrete Zieldefinition hat etwas mit Ihrer Selbstbewusstheit zu tun. Sie ist ein guter Gradmesser dafür, ob die Richtung stimmt. Ohne SMART betrügt man sich oft selbst und kommt nicht in die Aktivität. Sie sollten das eigene Anliegen wirklich zur Chefsache machen und sich dabei nicht die Zeit stehlen lassen. Zeiträuber lauern nämlich überall: Schnell noch das Telefonat mit dem Freund, noch eine Einkaufsrunde drehen oder ein wenig fernsehen – man muss ja schließlich informiert sein! Und schon ist der Abend vorbei, dabei wollte man doch eigentlich die Steuererklärung machen! Wenn das Ziel im Augenblick nicht attraktiv ist, droht ebenfalls der Boykott durch den inneren Schweinehund (siehe Seite 126).

Nun stellen sich aber manchmal trotz aller Entschlossenheit Stolpersteine in den Weg: Sie verzetteln sich, leiden an „Aufschieberitis", sind nicht diszipliniert genug oder bekommen plötzlich Zweifel an Ihrem Ziel. Jede Schwierigkeit, die sich auftut, dient als Entschuldigung, die Pläne wieder wochenlang ruhen zu lassen. So kann es passieren, dass Ihr Ziel nach Monaten oder sogar Jahren immer noch genauso weit entfernt ist wie am Anfang, dass Sie in der Zeit keinen Schritt weitergekommen sind. In vielen Fällen hat das Zögern einen tieferen Grund.

Sicher kennen Sie solche „Stolpersteine" bereits aus Ihrer Vergangenheit. Überlegen Sie einmal, welche Stolpersteine Sie sich regelmäßig selbst in den Weg legen. Nehmen Sie dazu ein Blatt Papier, legen Sie es quer und notieren Sie in drei Spalten.

Das könnte dann folgendermaßen aussehen:

Meine beiden Hauptstolpersteine:

1. Fehlende Abgrenzung
2. Disziplinlosigkeit bei der Arbeit

Negative Konsequenzen pro Stolperstein:

1. Schuldgefühle, weil man sich zu oft ablenken lässt
2. verstärkter Zeitdruck / Nervosität

Versteckter Nutzen jedes Stolpersteins:

1. soziale Kontakte pflegen / Flexibilität bewahren
2. Schutz vor Kritik und Enttäuschung

Mit dieser Methode kommen Sie Ihrem inneren Saboteur und Ihren Ängsten leicht auf die Spur. Je größer der versteckte Nutzen ist, desto geringer ist der Drang zur Veränderung. Bekommen Sie heraus, wo Ihre Hemmnisse liegen und welche Vor- und Nachteile sie Ihnen bringen. Danach können Sie überlegen, was Sie tatsächlich verändern wollen und beobachten, welche Wirkung eine Veränderung auf Sie selbst und auf Ihre Umgebung hat.

Schwacher Selbstwert in Partnerschaften

Fast alle Menschen zeigen überwiegend Verhaltensweisen, die in der Vergangenheit belohnt worden sind, und sie vermeiden Verhaltensweisen, die früher bestraft wurden. Etwas vereinfacht kann man sagen, dass jeder danach strebt, möglichst zahlreiche Belohnungen und möglichst wenige Bestrafungen zu erhalten. Das ist selbst in Partnerschaften so. Ein schwaches Selbstwertgefühl kann auch hier für große Probleme sorgen: Der selbstwertschwache Partner glaubt, alles tun zu müssen, damit die Beziehung nicht abgebrochen wird. Er versucht, dem anderen möglichst alles recht zu machen. Besonders Frauen werden oft verstärkt dazu erzogen, für andere zu sorgen, nur für sich selbst nicht. Diese Selbstlosigkeit und das Bedürfnis nach Bindung und emotionaler Nähe ist im Extremfall sogar an eine Opferhaltung gekoppelt: Um Liebe und Zuwendung zu bekommen, gibt sich der betroffene Mensch immer wieder selbst auf. In den meisten Fällen hat er das schon als Kind gelernt.

Das Gefühl, machtlos zu sein, zieht sich wie ein roter Faden durchs Leben. Der Betroffene steckt in der Opferrolle fest, erlebt häufig Situationen, in denen er sich hilflos und von anderen beherrscht fühlt. Dieses Gefühl kennen wir alle. Doch problematisch wird es, wenn der Wunsch nach Anerkennung und die Angst vor Ablehnung so groß ist, dass man nur noch tut, was Eltern, Partner, Kinder oder Kollegen erwarten. Oft hilft es, etwas intensiver über die familiären Zusammenhänge nachzudenken: Wie war das Verhältnis zu Ihren Eltern? Meist steckt ein Vater, der sehr autoritär war, dahinter. Die Mutter hat um des lieben Friedens willen wahrscheinlich geschwiegen. Mussten Sie tüchtig und besonders lieb sein, um gemocht zu werden? Wer sich von der Autorität seiner Kindheit nicht emanzipiert hat, sucht sich auch als Erwachsener immer wieder einen Menschen, der Verantwortung für ihn übernimmt. Er verlangt von dem anderen eine Lösung – und bleibt einfach Kind. Bereits die Einsicht, dass hinter dem Streit mit Ihrem Partner um herumliegende Klamotten ein ganz anderes Thema steckt als seine Unordnung, führt in die richtige Richtung.

Macht auf den anderen ausüben

Aggressionen sind lebenswichtig. Wenn wir keine haben, können wir uns nicht selbst verteidigen, nicht entfalten. Ohne Aggressionen, die man ganz zivilisiert äußern kann, verlieren wir unseren Selbstwert. Und dann werden wir ganz schnell zum Opfer. Diese Rolle hat durchaus Vorteile: Wer nicht handelt, macht auch keine Fehler, ist immer fein raus. Die Verantwortung haben ja die anderen. Ein bequemes Leben, das auf Dauer allerdings ziemlich unglücklich macht.

Die Folge: Die Betroffenen geraten oft an Partner, die ihre Schwäche ausnutzen. Von Abhängigkeit spricht man, wenn der selbstwertschwache Partner wichtige Belohnungen nur über seinen Lebensgefährten erlangen kann. Dieser hat eine starke Position und kann auf verschiedene Weise Macht ausüben:

- Macht durch Belohnung
  Ein Partner hat Einfluss auf den anderen, wenn er in der Lage ist, ihn für erwünschte Verhaltensweisen zu belohnen, zum Beispiel durch Geschenke, Aufmerksamkeit, Sex oder Geld.

- Macht durch Harmoniesucht
  Manche Menschen fühlen sich so sehr mit ihrem Partner verbunden, dass sie alles tun und denken, was ihr Partner tut und denkt. Bei Auseinandersetzungen geben sie entweder sehr schnell nach oder es kommt gar nicht erst zur Diskussion.
- Macht durch Bestrafung
  In diesem Fall bestraft der mächtigere Partner den anderen wie schon dessen Eltern für unerwünschte Verhaltensweisen. Dazu gehören Kritik oder Liebesentzug. Im Extremfall kann dazu auch körperliche Gewalt gehören.

Als Erwachsener ist es allerdings höchste Zeit, sich vor neuen Enttäuschungen zu schützen. Lernen Sie, anderen Menschen Grenzen zu setzen und auch mal nein zu sagen (siehe Seite 122). Seien Sie mutig, und nehmen Sie dabei Gefühle wie Angst vor Ablehnung und Widerstand in Kauf! Das gibt Ihnen Stärke und hilft Ihnen, eine neue – gesunde – Beziehung zu anderen aufzubauen.

Den Selbstwert stärken

Um aus der Opferrolle herauszukommen, sollten Sie Ihr Selbstwertgefühl stärken:

- Selbstverantwortung
  Machen Sie sich klar, dass nur Sie – und kein anderer – für Ihr Leben verantwortlich sind.

- Unabhängigkeit
  Halten Sie sich bewusst nicht mehr an das Wertesystem Ihrer Eltern. Stellen Sie Ihre eigenen Regeln auf!
- Schuldgefühle
  Übernehmen Sie Verantwortung für Ihr Handeln. Dabei passieren schon mal Fehler oder man verletzt andere. Versuchen Sie, Schuldgefühle auszuhalten.
- Niederlagen
  Niemand kann immer erfolgreich sein. Nehmen Sie Rückschläge nicht so schwer, und stellen Sie vor allem nicht gleich Ihre ganze Person in Frage, wenn nur in einem bestimmten Bereich etwas nicht geklappt hat.
- Stärken
  Es gibt viele Bereiche, in denen Sie kompetent sind. Führen Sie sich das in schwierigen Momenten klar vor Augen.
- Eigenes Terrain abstecken
  Entwickeln Sie eine Art Alarmsystem, wenn Ihre Grenzen verletzt werden. Das funktioniert mit der Zeit immer besser. Tritt Ihnen jemand zu nahe oder wird übergriffig? Dann machen Sie dem anderen deutlich: Bis hierher, und nicht weiter! Stehen Sie für sich ein.
- Stabilität erlangen
  Verfallen Sie nach einer Niederlage nicht in eine Schock-Starre. Warten Sie nicht, bis andere Sie da wieder herausholen. Werden Sie selbst aktiv! Verwöhnen Sie sich, machen Sie das, was Ihnen gut tut. Gehen Sie Ihrer Lieblingsbeschäftigung nach.

- Werden Sie schöpferisch

  Basteln, Malen, Kochen, Töpfern, Musik machen – all das lässt einen den schnöden Alltag vergessen. Es macht stolz, wenn aus den eigenen Händen etwas Schönes entsteht. Auf diese Weise bauen Sie Ihr Selbstwertgefühl auf.

- Schwerpunkte ändern

  Denken Sie jeden Abend vor dem Schlafengehen an all das Gute, das Ihnen widerfahren ist. Wir alle sind mehr auf Schwierigkeiten fixiert und übersehen dabei die vielen kleinen Dinge, die wunderbar funktionieren. Üben Sie sich in Dankbarkeit. Das hilft, nicht so schwarz in die Zukunft zu sehen.

- Respekt

  Menschen mit einer hohen Selbstachtung behandeln sich selbst und andere mit Würde und Respekt. Versuchen Sie also, auch zu sich selbst fair und liebevoll zu sein.

  Wer keine hohe Meinung von sich hat, neigt dazu, sich in allen Lebensbereichen abzulehnen. Doch damit wird er sich nicht gerecht. Denn wir alle schlüpfen jeden Tag in verschiedene Rollen: Wir sind Partner, Vater oder Mutter, Arbeitnehmer, Kind. In jeder Rolle wird etwas anderes von uns erwartet und wir geben uns auch anders. In den verschiedenen Lebensbereichen können wir also ganz unterschiedliche Selbstwerte haben.

- Fangen Sie an zu differenzieren! Freuen Sie sich, dass Sie in einigen Ihrer Rollen ein gutes Selbstwertgefühl haben und richten Sie Ihr Augenmerk nicht mehr ausschließlich auf den Bereich, von dem Sie glauben, hinter den anderen zurückzubleiben. Das ist sehr wichtig, weil ein gutes Selbstwertgefühl mit vielen positiven Emotionen verbunden ist. Psychologische Untersuchungen haben gezeigt, dass eine gute Meinung von sich mit hoher Lebenszufriedenheit und mit einem Glücksempfinden einhergeht.

- Lernen Sie, Tatsachen, die Sie nicht ändern können, zu akzeptieren. Mit Geschehnissen zu hadern, bringt nichts – nur schlaflose Nächte und Falten. Je mehr Gelassenheit Sie an den Tag legen, desto besser für Ihre Seele. Jede Situation hat zwei Seiten. Bemühen Sie sich, das Positive zu sehen. Und machen Sie sich nie vor anderen klein, nur um anerkannt zu werden! Respekt erhält nur, wer sich selbst achtet.

  Menschen mit geringem Selbstvertrauen lassen sich von negativen inneren Dialogen und alten Störgedanken lähmen. Sie sind häufig schon auf das Scheitern fokussiert. In Zukunft werden Ihnen solche Momente bewusst werden und Sie können sofort dagegen anarbeiten.

- Für eine bessere Selbstachtung sollten Sie lernen, sich so anzunehmen, wie Sie sind. Unordentlich, rechthaberisch oder pedantisch? Sie müssen sich nicht länger verstecken. Das brave, angepasste Verhalten aus Kindertagen führt sonst zu immer neuen Problemen. Wer sich ängstlich stets nach den Wünschen anderer richtet und die eigenen Bedürfnisse unterdrückt, wird nie an Selbstvertrauen gewinnen. Er wird sich noch unbedeutender fühlen und sich selbst dafür verachten. Der Frust über die eigene Mutlosigkeit wird zunehmen. Deshalb sollten Sie achtsam mit sich selbst umgehen, um Veränderungen einzuleiten.

Seien Sie stolz auf sich!

Wer schwierige Aufgaben bewältigt, kann zu Recht mit sich zufrieden sein. Und manchmal ist es durchaus angebracht, andere auf seine Leistungen aufmerksam zu machen. Dabei sollte man nicht zu bescheiden auftreten. Jeder freut sich über gute Leistungen und noch mehr, wenn diese entsprechend anerkannt werden. Sie wirken dabei keine Spur angeberisch, wenn Sie Ihren Anteil an einem Erfolg deutlich machen. Doch schmücken Sie sich nie mit fremden Federn! Genauso konsequent sollten Sie dazu stehen, wenn Ihnen einmal etwas danebengeht. Das macht sympathisch. **Niederlagen sind notwendige und natürliche Durchgangsstationen zum Ziel.**

Das Erkennen der eigenen Fähigkeiten und Stärken fördert Selbstvertrauen und motiviert, neue Ziele anzustreben. Selbstvertrauen macht Sie auch unabhängiger von den Meinungen und den Vorgaben anderer. Es gilt, das eigene Vorhaben umzusetzen, unabhängig von der Bewertung Dritter. Ein Schlüssel dazu ist Selbstdisziplin. Damit können Sie das Vertrauen in sich selbst stärken. Wenn Sie merken, dass Sie Verpflichtungen sich selbst gegenüber einhalten, erhöht sich auch Ihr Selbstvertrauen. Es gibt Ihnen Stärke, zu wissen: „Ich kneife nicht, ich kann schaffen, was ich mir vorgenommen habe."

EIGENLOB STIMMT!

Die meisten von uns erkennen und feiern ihre eigenen Fortschritte und Erfolge gar nicht. Dabei ist das ganz entscheidend. Würdigen Sie auch Etappenziele. Das hilft, spätere Rückschläge zu verdauen. Nehmen Sie sich vor: „Wenn ich die Küche gestrichen habe oder die Steuerklärung fertig ist, mache ich eine Radtour oder gönne mir ein Festmenü im meinem Lieblingsrestaurant." Lernen Sie, Lob und Bewunderung genauso gut von sich und anderen anzunehmen wie Kritik. Auf diese Weise schätzen Sie sich selbst wert und würdigen Sie Ihre Fortschritte.

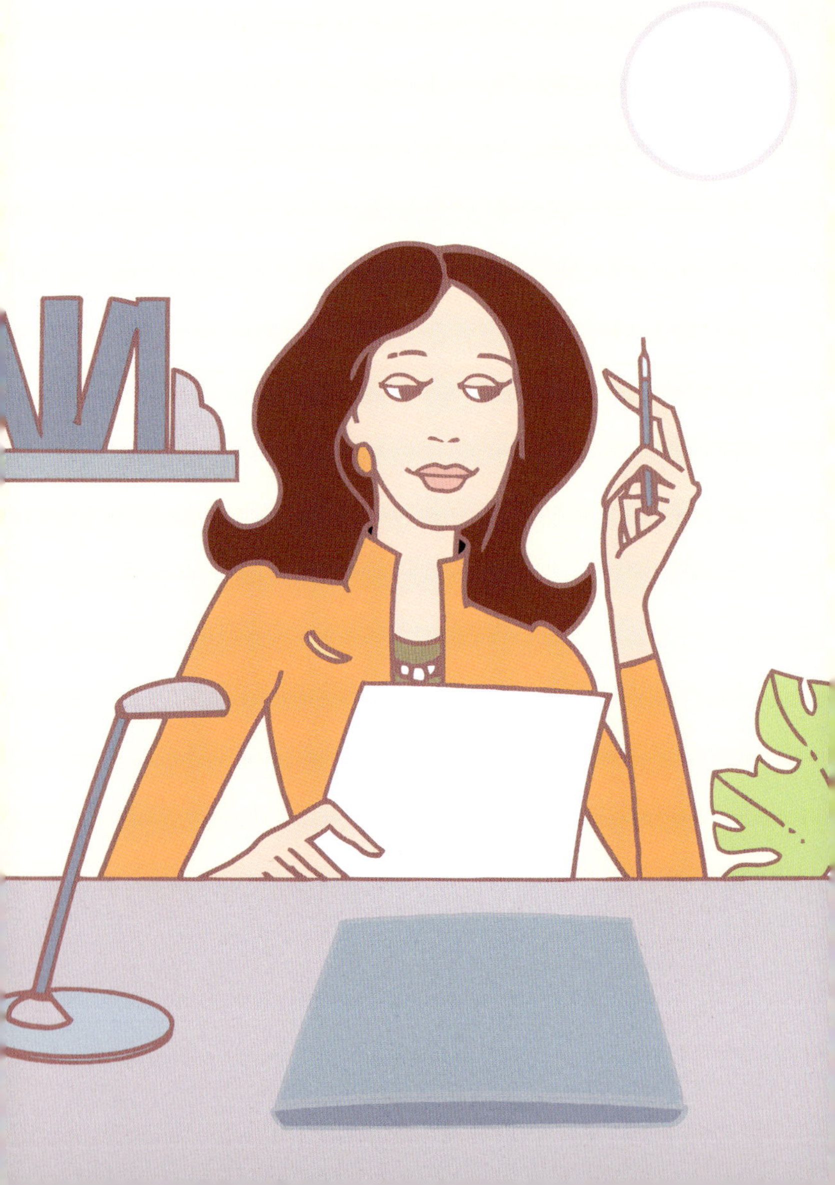

KÖRPERSPRACHE

Das Geheimnis nonverbaler Kommunikation. Die Körpersprache ist vermutlich die älteste Form zwischenmenschlicher Verständigung, lange bevor der Mensch das erste Wort geäußert hat. Auch heute noch kommunizieren wir mit jedem Blick, mit jeder Geste und mit unserer gesamten Körperhaltung. Der Körper spricht also immer – und er verrät uns.

Sicherer auftreten, andere besser verstehen

Wer gelernt hat, sich zu entspannen, hat schon gewonnen! Körperhaltung und Mimik können viel über Stimmung und Absichten eines Menschen preisgeben. Man muss nur wissen, wie man sie richtig deutet. Wer die Geheimnisse der nonverbalen Kommunikation entschlüsseln kann, ist in der Lage, den seelischen Zustand seiner Mitmenschen an Gestik, Haltung und Bewegung abzulesen. Das ist in vielen Situationen sehr hilfreich. Wenn Menschen nicht miteinander sprechen, redet ihr Körper. Er ist niemals stumm und teilt dann zum Beispiel durch Selbstversunkenheit oder Abschirmung mit, dass er im Augenblick nicht gestört werden will. Das Beachten der Körpersprache kann trainiert werden. Frauen sind darin meist geübter als Männer – aber auch sie können es lernen.

Wer sich mit dem Thema Körpersprache beschäftigt, lernt zudem, eigene Schwachstellen zu erkennen. Dadurch können Sie selbstsicherer auftreten, sowohl im Privatleben als auch im Beruf. Vor allem im Job kommen Sie mit vornehmer Zurückhaltung heute nicht weiter. Wer wirklich Eindruck machen will, sollte die richtige Körpersprache beherrschen und einige Kommunikationsregeln kennen. Denn um andere von sich oder einer Sache zu überzeugen, braucht es mehr als nur gute Argumente. Die wichtigste Regel dabei lautet: Entspannt sein und gleichzeitig Selbstbewusstsein zeigen.

Machen Sie sich zunächst die nonverbalen Signale der Körpersprache bewusst und arbeiten Sie Ihre Stärken heraus, um sie dann zu üben. Dazu brauchen Sie Geduld, denn jede neue Haltung wird Ihnen erst ein wenig fremd vorkommen. Es dauert etwas, bis sie Teil Ihres neuen Verhaltens geworden ist. Aber die Anstrengung lohnt sich, denn Körpersprache ist im zwischenmenschlichen Bereich von wesentlicher Bedeutung.

▶ Praktische Übung

Sie können mit ein paar Freunden folgenden Test machen: Stellen Sie sich vor sie hin und sagen Sie: „Schaut auf den Boden!" Gleichzeitig deuten Sie mit einer Hand und mit Ihrem Blick zur Decke. Wetten, dass Ihre Freunde Ihrer Geste und nicht Ihren Worten folgen werden? Der Grund:

Etwa 80 Prozent der Kommunikation läuft über Blickkontakt, Mimik und Körperhaltung. Eine Erkenntnis, die Sie vor allem im Beruf nutzen sollten.

Körpersprache lügt nicht

Bestimmt kennen Sie die Fernsehserie „Inspektor Columbo". Peter Falk spielt darin den vertrottelt wirkenden Polizisten, der von seinen Widersachern chronisch unterschätzt wird, aber am Ende mit seiner eigenwilligen Ermittlungsmethode jeden Gangster zur Strecke bringt. Sicher erinnern Sie sich auch an Columbos typische Geste: die linke Hand ungelenk in die Hüfte gestemmt, die Stirn sorgenvoll in die rechte Hand gestützt. In dieser Pose stellt er dann scheinbar belanglose Fragen. Seine Opfer wiegen sich in Sicherheit, denken: „Der Blödmann kommt mir niemals auf die Schliche." Wenn sie seine Körpersprache beachten würden, wären Sie jedoch auf der Hut: Die Hand an der Hüfte zeugt von Angriffslust, die Denkerpose deutet auf intensives Kombinieren. Kein Wunder, dass der „Dussel" jeden Fall löst.

Das Gegenteil kommt auch oft vor, bei einer Lesung oder einem Vortrag zum Beispiel: Jemand hat unter dem Tisch seine Beine verknotet, während er sich im oberen Drittel betont entspannt präsentiert. Diese Haltung ist nicht echt. Hier ist jemand sehr angespannt und möchte nur einen entspannten Eindruck vermitteln. Generell sollten Sie sich nicht hinter künstlichen Barrieren wie verschränkten Armen oder übereinandergeschlagenen Beinen verstecken und auch nicht mit Gegenständen wie Bleistift oder Brille spielen. Das schafft nur unnötige Distanz zu den Zuhörern. Wichtig bei der Körpersprache ist es immer, auf die verbale und nonverbale Kommunikation zu achten. Sprache und Körpersprache sollten schlüssig sein. In den meisten Fällen sagt uns unser Bauchgefühl, ob etwas richtig oder falsch ist.

Nonverbale Signale

Generell gilt: Nonverbale Signale sind meist ehrlicher als verbale. Das liegt daran, dass die Körpersprache sehr unmittelbar ist und sich dem Willen des Menschen weitgehend entzieht. In vielen Lebenssituationen sind nonverbale Hinweise oft noch wichtiger als die ausgetauschten sprachlichen Inhalte. Denn die Körpersprache ist unzensierter mit unseren tatsächlichen Empfindungen verbunden. Daher ist sie meist ehrlicher, direkter, unverfälschter. Das ist vor allem dann von entscheidender Bedeutung, wenn sich die Körpersignale und das Gesagte widersprechen. Im Alltag erleben wir das gar nicht so selten. Schließlich müssen wir uns alle ständig an soziale Normen halten, um nicht anzuecken. Spontane Gefühlsausbrüche oder egoistisches Verhalten ist verpönt. Manchmal wollen wir uns auch gar nicht in die Karten schauen lassen und bemühen uns gezielt darum, unsere wahren Gefühle zu verbergen. Doch das gelingt kaum, weil wir alle bewusst oder intuitiv auf Veränderungen des Gesichtsausdrucks, des Augenkontaktes, der Körperhaltung, der Körperbewegungen und andere nonverbale Ausdrucksweisen achten. Menschen mit einer guten Interpretation und viel Einfühlungsvermögen können einen Lügner anhand seiner Körpersprache entlarven. Wer lügt, empfindet häufig Stress und macht sich deshalb durch nervöse Bewegungen Luft. Menschen mit weniger Empathie bemerken nur, dass nonverbale und verbale Kommunikation ihres Gesprächspartners irgendwie nicht zusammenpassen und sind irritiert.

Der innere Zwischencheck

Damit Sie stets einen guten Eindruck machen, sollten Sie sich einer Selbstkontrolle unterziehen. Überprüfen Sie sich immer wieder mal selbst, egal ob Sie Zuhörer oder Vortragender sind: **Treten Sie für Sekundenbruchteile wie das berühmte Ariel-Gewissen aus sich heraus und betrachten Sie sich quasi von außen.** Werden Sie sich Ihrer Haltung bewusst: Wie sitze ich, wie wirke ich auf andere, entspricht meine Haltung meiner inneren Situation? Korrigieren Sie diese notfalls. Wir neigen nämlich dazu, zu lümmeln, wenn wir müde oder desinteressiert sind. Oder wir verharren angespannt in einer unglücklichen Pose, weil wir angestrengt sind. Der innere Zwischencheck soll Ihnen deutlich machen, ob für Sie selbst alles stimmig ist. Studieren Sie die Körpersprache erfolgreicher Menschen und übernehmen Sie Gesten, die Ihnen gefallen. Aber zwängen Sie sich nicht in ein Korsett. Was

Sie bei all diesen Übungen immer im Hinterkopf behalten sollten: Körpersprache lügt nicht. Wer sich zu stark kontrolliert, verliert seine Spontaneität und seine Individualität. Und das bemerkt ein Gesprächspartner viel schneller als die verschränkten Arme. Diese bedeuten übrigens nicht zwangsläufig Unnahbarkeit. Für manche Menschen ist diese Armhaltung lediglich eine bequeme Position. Probieren Sie aus, welche Gesten und Verhaltensweisen zu Ihnen passen, denn nur die wirken glaubhaft. Doch bedenken Sie: Körpersprache sollte stets aus der jeweiligen Situation betrachtet werden. Ansonsten kann es zu Missverständnissen kommen (andere Länder, andere Sitten!).

Körpersprache zeigt, wohin man will

Beim Reden sollten Sie Ihre Hände einsetzen. Sie geben Ihren Gesten damit mehr Ausdruckskraft. Handbewegungen mit offener Handfläche wirken sympathisch und glaubwürdig. Außerdem können Sie Ihren Worten auf diese Weise gut Nachdruck verleihen. Frauen bewegen ihre Hände beim Sprechen normalerweise wesentlich intensiver als Männer. Deshalb gelten sie bei männlichen Zuhörern oft als hektisch, unsicher und unprofessionell. Durch gezielte, ruhige Gesten können Sie dagegen die Aufmerksamkeit Ihrer Zuhörer nach Ihren Wünschen lenken. Sie können Vorschläge in der offenen Hand darbieten oder eine Innovation für die Zukunft vorstellen. Sie können mit einer energischen Handbewegung aber auch anderen das Wort „abschneiden". In jeder Gesprächssituation signalisieren geöffnete Arme Dynamik, Offenheit und Sensibilität. Der Sprecher demonstriert so, dass er Dinge in den Griff bekommen kann oder über Grenzen hinausgehen möchte. Jemand, der mit Begeisterung eine Sache betreibt, würde nie mit unbewegten Armen sprechen. Setzen Sie diese Technik also bewusst ein.

Der berühmte Pantomime und Experte für Körpersprache, Samy Molcho, sagt: „Worte sind nur eine Absichtserklärung. Körpersprache ist, was du tust." Wer seine eigene Körpersprache besser wahrnimmt, kann auch die Signale der anderen besser verstehen.

Das A und O: Körperhaltung

Der erste Schritt zu mehr Selbstvertrauen führt über die aufrechte Haltung. Jemand mit geradem Rücken und offener Brust zeigt, dass er mutig ist und nichts zu verbergen hat.

Um als angenehme, lebendige Persönlichkeit wahrgenommen zu werden, hilft es viel, wenn Sie sich um eine gute Haltung bemühen. Allerdings nur, wenn diese mit lockeren Bewegungen einhergeht. Wir alle haben noch die Kommandos aus unserer Kindheit im Ohr: „Sitz gerade!" oder „Kopf hoch!". Doch diese nützen nur kurzfristig etwas. Wer im Gehen, Stehen und Sitzen Aufmerksamkeit auf sich ziehen möchte, muss „innerlich" anfangen, sich aufzurichten. Im japanischen Zen-Buddhismus gibt es einen Spruch, der lautet: „Wenn der Geist gerade ist, ist auch der Körper gerade." Es ist also eine Frage der Einstellung, denn Haltung hat mit Selbstbewusstsein und Mut zu tun. Probieren Sie's aus: Auch Ihre eigene Stimmung steigt, wenn Sie sich gerade halten und sich dabei geschmeidig bewegen.

▶ **Praktische Übung**

Treten Sie vor einen großen Spiegel und probieren Sie verschiedene Posen aus. Wenn Sie dabei eine Maske aufsetzen und vielleicht noch einen Hut, spüren Sie durch diese „Verfremdung" die Veränderung in Ihrem Körper noch deutlicher. Üben Sie, sich durch Gesten breiter zu machen. Trainieren Sie ruhige, ausladende Bewegungen. So beanspruchen Sie Aufmerksamkeit und Autorität. Stützen Sie mal die Arme in die Hüften. Na, spüren Sie die Angriffslust Ihres Spiegelbildes? Es ist erstaunlich, wie unterschiedlich die Wirkung ist, wenn Sie zum Beispiel die Schultern nach vorn drücken, in der Körpermitte einknicken und die Füße zueinander drehen. Das wirkt unsicher und devot. Probieren Sie danach das Gegenteil: Füße nach außen drehen, gerade stehen und die Arme ausbreiten. Schon wesentlich souveräner, nicht wahr? Variieren Sie die Pose, üben Sie, wie Sie empört wirken, nachdenklich, froh, von einer Sache überzeugt oder wie es aussehen könnte, wenn Sie jemanden loben.

Videokontrolle

Bitten Sie Ihren Partner oder einen Freund, Sie in bestimmten Situationen mit der Videokamera oder dem Smartphone aufzunehmen. Sie können auch jemanden bitten, Sie möglichst genau zu beobachten. Wie sitzen Sie? Vorgezogene Schultern und ein krummer Rücken wirken kraftlos, anfällig und schwach. Unseren Gesprächspartnern signalisiert diese Körpersprache: „Au weia, was für ein Schlaffi. Was kann ein solcher Mensch schon an Ideen und Impulsen bringen?" Denken Sie dran: Was Sie erlebt haben, sieht man Ihnen an. **In der äußeren Haltung spiegelt sich die innere Einstellung.** Gefühle prägen den Körper sozusagen. Sie spielen sich nicht nur im Kopf ab, sondern auch im Körper. Fußball-Fans reißen nach dem Sieg ihrer Mannschaft begeistert die Arme in die Höhe, Kleinkinder hüpfen vor Glück. Doch auch negative Stimmungen wie Traurigkeit oder Ärger bahnen sich ihren Weg von innen nach außen und zeigen sich in herunterhängenden Mundwinkeln, Sorgenfalten und abfallenden Schultern. Besonders wenn man über längere Zeit negative Gefühle verdrängt, schlägt sich das in Muskelverspannungen oder anderen Beschwerden nieder.

Der Vortrag vor Publikum

Nicht nur die richtige Haltung entscheidet über Erfolg oder Misserfolg einer Rede, sondern schon der Gang zum Rednerpult sendet den Zuhörern wichtige Signale. Er sollte aufrecht und entschlossen sein. Bereits das richtige Aufstehen ist entscheidend. Wer vom Stuhl aufspringt und sich keine Zeit zum Aufrichten nimmt, verschenkt wichtige Wirkungspunkte. Am besten rücken Sie den Stuhl zurecht und nehmen Ihre Unterlagen in die Hand, bevor Sie starten. Wer sich dafür Zeit nimmt, wirkt aufgeräumt. Das Gleiche gilt für den Rückweg: Bleiben Sie nach Ihrem Vortrag kurz stehen und verlassen Sie dann in Ruhe das Podium. Selbst wenn Eile geboten ist, Sie zum Beispiel dringend Ihren Zug erwischen müssen. Die Zuhörer dürfen nicht das Gefühl haben, dass man keine Zeit für sie habe. Der Abgang selbst sollte zügig und energisch sein.

Teddy hört zu

Ein gutes Training, um bei einer Rede den Kontakt zum Publikum zu halten, ist Folgendes: Gruppieren Sie fünf bis acht Puppen und Kuscheltiere im Halbkreis und nehmen Sie sich die aktuelle Tageszeitung. Lesen Sie der Puppengemeinschaft nun daraus vor. Zuerst jeden Satzteil bis zum Komma leise für sich lesen und behalten. Danach der Plüschtiergemeinde nacheinander in die Knopfaugen schauen. Erst nachdem Sie alle angesehen haben, sprechen Sie den Satzteil, den Sie sich gemerkt haben, laut vor. Anschließend wieder allen in die Augen schauen. Tragen Sie so den ganzen Zeitungsartikel vor. Kontrollieren Sie sich dabei selbst. Bewahren Sie Ruhe und sprechen Sie langsam. Fangen Sie nicht bereits beim Hochsehen von der Zeitung an, den Satz zu sprechen. Schaffen Sie erst Blickkontakt. Wiederholen Sie diese Übung von Zeit zu Zeit. Sie werden merken, dass Sie wesentlich gelassener bei der Sache sind, wenn es ernst wird. Außerdem können

Sie sich so besser auf Ihr Publikum konzentrieren und überzeugender auftreten. An der Mimik Ihrer Gesprächspartner können Sie sofort sehen, auf welche Resonanz Sie stoßen – Zustimmung oder Ablehnung? Begeisterung oder Skepsis? Natürlich werden Sie bei einem echten Vortrag nicht bei jedem Satzteil rundherum in die Runde blicken. Doch zum Üben des Blickkontakts ist dies ein gutes Training.

Mit Teddy & Co. lässt sich der Blickkontakt während eines Vortags prima üben.

Sicherer Stand

Das Wichtigste, das Sie für einen überzeugenden Auftritt vor Publikum brauchen, ist das Gefühl, mit beiden Beinen fest auf der Erde zu stehen. Also den richtigen Standpunkt einzunehmen. Menschen, die Angst haben, einen Standpunkt zu vertreten, erkennt man oft daran, dass sie von einem Fuß auf den anderen treten, hin und her tänzeln. Sie wollen sozusagen aus der Schusslinie kommen. Vermeiden Sie das! Ein sicherer Stand wirkt solide und ausgeglichen. Auf einem stabilen Stand fußt sozusagen die gesamte Rede. Dabei stehen die Füße etwa schulterbreit auseinander. Das garantiert die beste Stimme und volle Konzentration auf die Rede selbst. So sind Sie gut geerdet. Außerdem ermöglicht es eine wirkungsvolle Gestik und Mimik. Steht der Unterkörper ruhig, kommt die lebendige Gestik besonders gut zum Ausdruck. Viele Menschen verraten sich durch ihren Gang und ihren Stand: Wer kleine, zaghafte Schritte macht, wird auch sonst vorsichtig durchs Leben trippeln. Wer vor sich hin schlurft, ist eher lethargisch, im Gegensatz zu einer Person, die den Stechschritt bevorzugt. Der Gang sollte fließend sein, nicht federnd oder stotternd.

Wenn Sie einen Raum betreten, bleiben Sie nicht unschlüssig im Türrahmen stehen, sondern durchschreiten Sie das Zimmer beherzt in der Mitte und verschaffen Sie sich einen Überblick. Wie betritt man ein Geschäft, wenn man ein fehlerhaftes Produkt erhalten hat? Richtig: Man geht energischen Schrittes durch den Laden. Schritt und Blick geradeaus gerichtet, bahnt man sich den Weg durch die Gänge, vorbei an den Mitarbeitern. Auf diese Weise wird jedem sofort bewusst: Hier kommt jemand, der ein wichtiges Anliegen hat! Der Schritt verrät, ob eine Sache im Kopf beschlossen ist oder nicht. Selbstbewusste Menschen würden beim Betreten eines Raumes nie unschlüssig an der Türschwelle stehen bleiben. Selbst wenn es sich um das Büro eines Vorgesetzten handelt, würden sie wie selbstverständlich eintreten. Wer an der Türschwelle wartet oder sich nur bis zur Mitte des Raumes vortraut, zeigt bereits seine Unsicherheit. Erfolgsmenschen besitzen diesen Mut, weil sie es gewohnt sind, den Schritt ins Unbekannte zu wagen.

Wohin mit den Händen?

Wer im Stehen eine Rede vor Publikum halten soll, kennt das Problem: Die Arme kleben entweder am Papier oder baumeln auf einmal ganz unnatürlich in der Gegend herum. Das ist schade, denn sie sind für die Gestik während einer Rede entscheidend. Die optimale Ausgangsposition: Beide Hände liegen übereinander auf dem Bauch, unterhalb des Bauchnabels. Die Handrücken zeigen dabei nach außen. Das fühlt sich im ersten Augenblick vielleicht ungewohnt an, wirkt aber sehr konzentriert und professionell. Denn von hier aus können Sie mit einer ausladenden Geste verdeutlichen, wie groß der Etat für ein neues Projekt ist oder der Freude über den Besuch der Verwandtschaft von weither Ausdruck verleihen. Ruhige, großzügige und angstfreie Bewegungen zeugen von Kompetenz und Gelassenheit. Leichter gesagt als getan. Die meisten von uns neigen dazu, sich von einer dominanten Person oder dem Chef einschüchtern zu lassen. Sich trotzdem mit seiner Körpersprache durchzusetzen, verlangt Mut. Lassen Sie sich also nicht von einem leichten Kopfschütteln, verschränkten Armen oder einem Zurückweichen verunsichern.

Wenn Sie Ihre Aussagen mit entsprechenden Gesten unterstreichen, ist es wichtig, die Hände am Ende der Rede nicht abrupt fallen zu lassen. Denn dieser Abbruch der Bewegung bleibt sonst stärker im Gedächtnis, als alle Gesten, die das vorher Gesagte betonen sollten. Halten Sie die Hände noch eine Sekunde in der Luft und lassen Sie diese dann langsam sinken. So laden Sie zur Reaktion ein.

Richtig sitzen

Beim Sitzen sollten Sie stets die gesamte Fläche des Stuhls einnehmen und sich anlehnen. Dadurch gewinnen Sie Ruhe und Souveränität. Wer nur auf der Vorderkante hockt, wirkt ängstlich, bereit zum Sprung. Angelehnt sind Sie flexibler, können sich in entscheidenden Momenten vorbeugen, um zu argumentieren und dem anderen entgegenzukommen. Anschließend können Sie sich wieder ebenso ruhig zurücklehnen und dem anderen die Bühne überlassen.

Aus dem Abstand, der zwischen zwei Menschen besteht, lassen sich Rückschlüsse aus der Art ihrer Beziehung ziehen. Die Intimzone eines Menschen beträgt bis zu 60 cm. In diesen Bereich lässt man meist nur seinen Partner kommen. Bis zu 120 cm gelten als persönliche Zone. Das ist der Abstand, den Freunde und Bekannte zueinander einnehmen. Chef und Angestellte bewegen sich in einer Distanz zwischen 120 und 360 cm.

Mimik im Gespräch

Es ist für jedes Gespräch unerlässlich, dem Gegenüber Zeichen der Aufmerksamkeit zu geben, zum Beispiel durch zustimmendes Nicken, hilfreiche Gesten oder das Heben der Augenbrauen. Partner, die sich mögen und die gleiche Grundstimmung haben, übernehmen oft auch die Gesten des anderen. Achten Sie mal darauf! **Wer anderen ruhig in die Augen schauen kann, erweckt Vertrauen.** Dauert der Blick länger als drei Sekunden, wird dies als eindeutiges Zeichen für Interesse gewertet. Werden die Augen dagegen von Beginn an abgewendet, signalisiert das Schüchternheit oder auch das Bedürfnis, etwas zu verbergen.

Das Gesicht spiegelt Stimmungen wie Traurigkeit, Ärger oder Freude in typischer Weise. Diese Grundgefühle äußern sich überall auf der Welt gleich. Denken Sie auch an die nonverbalen Signale, die Unterwerfung ausdrücken (Frauen legen gern den Kopf schief, ein Harmonieangebot). Ungewollt und unbewusst. Dazu gehört zum Beispiel auch ein Dauerlächeln. Ein Lächeln muss jedoch echt sein, wenn es eine Bedeutung haben und wirken soll. Daher ist eine Abwechslung im Mienenspiel viel empfehlenswerter für Ihre positive Ausstrahlung.

Lassen Sie sich von gespielter Gleichgültigkeit oder aufgesetztem Desinteresse nicht entmutigen! Es gibt Machtmenschen, die viel Aufhebens um sich machen, aber hauptsächlich mit sich selbst beschäftigt sind. Wer es nötig hat, auf diese Weise Anerkennung einzufordern, hat eine schwache Position. Ebenso aufschlussreich: ein asymmetrisches, aufgesetztes Lächeln, das länger dauert als üblich und nur in der unteren Gesichtshälfte stattfindet. Die Augen lächeln dabei nicht mit. Ungeübte Schwind-

> **DER RICHTIGE HANDSCHLAG!**
>
> Strecken Sie dem anderen Ihre Hand senkrecht entgegen, der Ellenbogen ist dabei leicht angewinkelt. Halten Sie die Hand des anderen für etwa eine Sekunde gedrückt und blicken Sie ihm dabei freundlich in die Augen. Wer zu feuchten Händen neigt, sollte sich vor einem Termin noch einmal die Hände waschen und für alle Fälle Papiertaschentücher in den Hosentaschen haben, um sich unauffällig die Hände daran abzuwischen. Auf keinen Fall die Hände an der Hosennaht trocken reiben!

ler kratzen sich häufig am Kopf oder fahren sich durch die Haare. Doch Vorsicht! All diese Gesten können auch nur ein Zeichen für große Anspannung sein. Je besser Sie jemanden kennen, desto klarer können Sie das unterscheiden. Verlassen Sie sich dabei am besten auf Ihr Gefühl!

Dominanz zeigen

Im Folgenden ein paar Beispiele, wie Sie sich im Beruf geschickt verhalten.

- Wenn Sie merken, dass während Ihres Beitrags nicht richtig zugehört wird, machen Sie gezielt eine lange Pause und schauen Sie die Störenfriede strafend an, bis endlich Ruhe eintritt.

- Nehmen Sie Lob selbstbewusst an, statt die Situation peinlich berührt zu überspielen.
- Treten Sie nicht zu bescheiden auf. Wenn Sie etwas gut gemacht haben, reden Sie darüber! Entwickeln Sie „authentischen Stolz" – sich über Leistungen zu freuen, ohne zu prahlen.
- Wenn etwas schief geht: Schwamm drüber. Nur Menschen mit schwachem Selbstwert sprechen lange darüber und bauen so ein Verlierer-Image auf. Vor allem Frauen neigen stark zur Selbstzensur, zeigen ehrlich ihre Schwachpunkte, fragen andere, was sie über ihre Arbeit denken – und lassen sich nicht selten die Ideen klauen. Wenn es um die Darstellung der eigenen Leistungen geht, sind Frauen meist zu bescheiden. Sie weisen kaum auf ihre Erfolge hin, sondern wollen entdeckt werden, schmälern ihre Leistung, indem sie von „wir" statt „ich" sprechen – auch wenn der Erfolg allein ihr Verdienst ist.
- Frauen spielen gern ihre Autorität herunter, Anweisungen formulieren sie indirekt, meist als Bitte. Vermeiden Sie beim Gespräch mit Männern Worte wie „könnte", „sollte", „müsste" bzw. „vielleicht".
- Frauen verbinden Kritik an untergeordneten Mitarbeitern häufig mit einem ausgleichenden Lob für andere Arbeiten, um wieder eine angenehme Kommunikationssituation herzustellen. Auch darauf sollten Sie in Zukunft verzichten. Wir alle müssen im Job mit Kritik umgehen. Da braucht es keinen Goody zum Trost.

Konferenzen

Bei Konferenzen begeben Sie sich in die Pool-Position, wenn Sie Folgendes beachten:

● Den besten Platz sichern

Seien Sie rechtzeitig vor der Besprechung im Raum und sichern Sie sich den besten Platz. Bei einem rechteckigen oder ovalen Tisch nie an die Längsseiten, sondern rechts oder links vom Referenten setzen. Auch gut: sich ihm gegenüber hinsetzen. Wenn es mehrere Sitzreihen gibt, vergessen Sie Ihre vornehme Zurückhaltung und setzen Sie sich in die erste Reihe. Da gehören Sie hin!

● Revier abstecken

Beanspruchen Sie viel Raum. Verteilen Sie Ihre Unterlagen vor und neben sich so auf dem Tisch, dass Sie Ihre Grenzen zum Nachbarn klar markieren. Ihre Arme und Beine dürfen ruhig mal darüber hinausragen.

● Überraschung bieten

Warum nicht einfach mal aufstehen, wenn Sie etwas sagen wollen? Das ist ungewöhnlich und damit wecken Sie viel Aufmerksamkeit. Bewegen Sie sich, umkreisen Sie das Flip-Chart, und, wenn Sie mögen, auch die ganze Gruppe der Zuhörer. So demonstrieren Sie: „Das ist mein Bereich, in dem ich jetzt das Sagen habe!"

● Geschickt kontern

Sollten blöde Bemerkungen kommen, diese nicht zu ernst nehmen. Kontern Sie mit ein bisschen Ironie oder mit einer Gegenfrage.

- Distanz überwinden

  Manche Vorgesetzte versuchen, ihr Gegenüber mit gespielter Langeweile oder Desinteresse zu verunsichern. Nicht mit Ihnen! Wenn Sie Ihrem Kollegen oder Chef, der sehr distanziert auftritt, etwas mitteilen möchten, werden Sie nicht lauter, sondern sprechen Sie eher leiser und schauen Sie ihm dabei direkt in die Augen. Lehnt er sich in seinem Sessel unbeteiligt weit nach hinten zurück, tun Sie das Gleiche.

- Distanz herstellen

  Zeigen Sie Ihrem dominanten Kollegen seine Grenzen auf: Lehnen Sie sich beim Gespräch in seinem Büro ruhig mal an seinen Schreibtisch oder breiten Sie Ihre eigenen Unterlagen darauf aus. Kommt er Ihnen für Ihr Empfinden zu nahe: Nicht zurückweichen! Ganz im Gegenteil, gehen Sie noch einen Schritt auf ihn zu und reden Sie lauter. Dann wird er garantiert den Rückzug antreten.

- Rücken freihalten: Will jemand hinter Ihren Schreibtisch treten, um Ihnen über die Schulter zu schauen, stehen Sie sofort auf und gehen Sie ihm mit der gewünschten Unterlage entgegen. In Ihrem Bereich hat er nichts zu suchen!

Mit diesen Beispielen werden Sie fürs nächste Mal gewappnet sein, wenn wieder jemand versucht, übergriffig zu werden. Doch bedenken Sie: Nun ständig eigene Dominanzsignale auszusenden, ist kontraproduktiv.

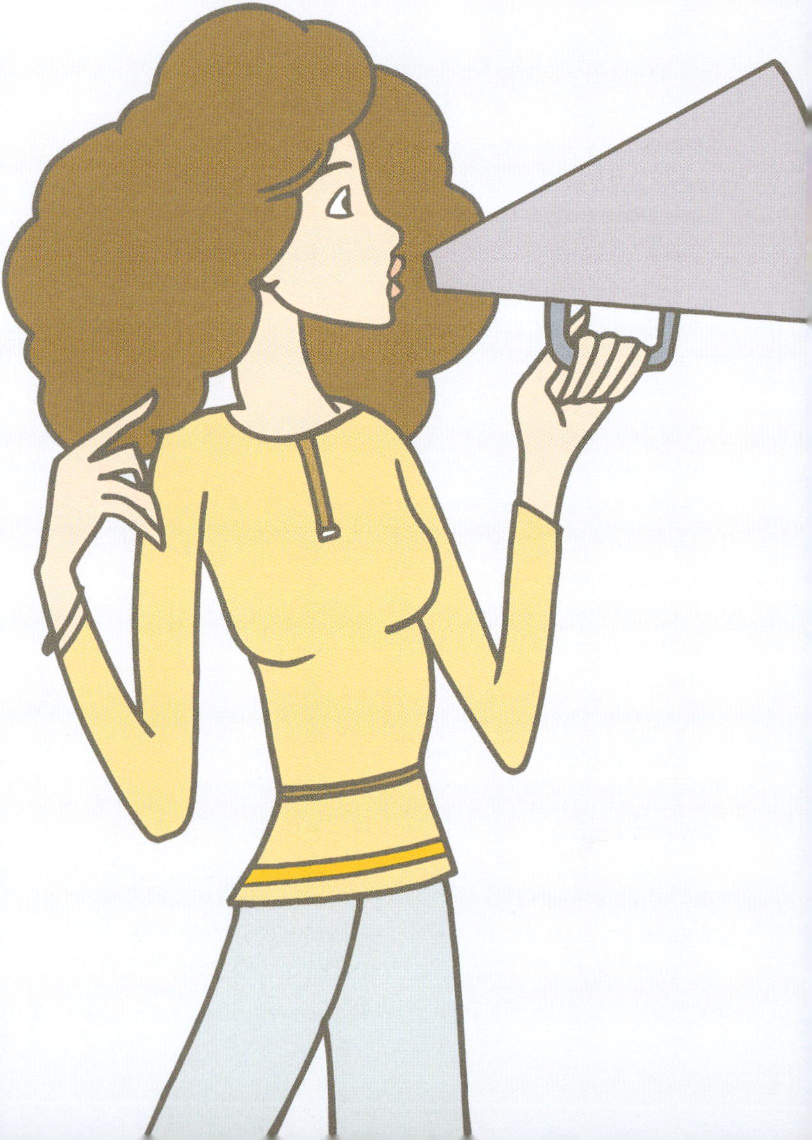

DIE MACHT DER TÖNE

Die Stimme eines Menschen ist für seine Wirkung auf andere extrem wichtig. Charismatische Personen haben meist eine sonore „Bauchstimme", die beeindruckt und begeistert. Wenn auch Sie überzeugender auftreten wollen, können Sie auf der einen Seite Ihr Körpergefühl stärken und andererseits ganz praktisch Ihre Stimme schulen.

Die Stimme

Über 50 Muskeln sind beim Sprechen aktiv. Unsere Stimme ist viel mehr als ein Instrument zur Kommunikation. Nichts macht uns so sehr zu Menschen wie unsere Sprache. Ob beim Flirt, beim lebhaften Gespräch oder bei einem Wutausbruch – die Sprache bringt unsere Gefühle auf den Punkt. Eine Stimme kann sympathisch, melodisch, klar, laut, leise, hell oder tief klingen. Sie kann sich aber auch piepsig, klangarm, kreischend, rau, blechern, kloßig oder nasal anhören. Sprechen Sie stets laut und deutlich. Eine kräftige Stimme strahlt Autorität aus. Atmen Sie zwischen zwei Sätzen: Mit einer geschickten Pausentechnik wächst die Aufmerksamkeit bei den Zuhörern. Sie wirken dadurch als Redner ruhiger, können Ihre Gedanken ordnen und haben mehr Zeit für Ihre Wortwahl. Erholungspausen erleichtern zudem das Verstehen neuer Gedankengänge. Wenn Sie zu schnell sprechen, überträgt sich sonst die Hast auf die Zuhörer und diese werden unruhig, was wiederum Ihre Nervosität steigert.

Die Stimme ist ein wichtiger Bestandteil unserer Persönlichkeit. Achten Sie einmal darauf: Die Tonlage, in der jemand spricht, hat einen entscheidenden Effekt auf sein Publikum. Das Gesagte kann spannend und erfreulich oder deprimierend und langweilig klingen. Sorgen Sie dafür, dass man Ihnen gerne zuhört. Passen Sie Ihre Stimme dem Inhalt an.

Gelassenheit und Toleranz setzt unsere Tonlage tiefer, Druck dagegen erzeugt eine höhere Stimmlage, die weniger angenehm wirkt. Es lohnt sich, also an seiner Stimme zu arbeiten. Denn wer gelernt hat, mit ihr richtig umzugehen, kann wesentlich erfolgreicher sein. Nicht wenige ältere Leute sind traurig, wenn ihre Stimme im Alter brüchig klingt – da hilft singen! Es kräftigt die Stimme. Singen Sie daher, so oft Ihnen danach ist und vor allem so laut Sie mögen! Im Auto, in der Badewanne, beim Bügeln – Gelegenheiten gibt es genug.

▶ Praktische Übungen

Viele Menschen sprechen viel zu schnell, nuscheln oder verschlucken ganze Silben. Um deutlicher zu sprechen, hilft der alte Schauspieler-Trick, einen Korken zwischen die Zähne zu klemmen und damit Sprechübungen zu machen: Sie können sich auch einen Kiesel in den Mund legen und versuchen, trotzdem verständlich zu artikulieren. Sie werden verblüfft sein, wie deutlich Sie sprechen, kurz nachdem Sie den Gegenstand aus Ihrem Mund genommen haben.

So trainieren Sie Ihre Stimme:

Machen Sie sanfte Schwingbewegungen mit Ihrer Stimme und sprechen Sie drei Minuten lang möglichst viele Worte mit W und O (Wolle, Ofen) langsam. Ein langes Gähnen ist eine gute Aufwärmübung für die Stimmbänder, geben Sie auch einen Laut dazu, den Sie dann lange halten. Bei Stress ruhig ein- und ausatmen. Nach dem Ausatmen eine kurze Pause machen und ebenfalls langsam sprechen. Besonders Menschen, die viel sprechen, wie Lehrer und auch Sänger, sollten zum Befeuchten der Schleimhaut viel trinken. Auch die Atmung beeinflusst die Stimme. Deshalb sollten Sie auf eine gesunde Nasenatmung achten: Durch die Nase einatmen, durch den Mund ausatmen.

Die Atmung

Wir tun es etwa 20 000-mal am Tag: Luft holen. Doch durch Stress und Leistungsdruck haben die meisten von uns verlernt, tief zu atmen. Babys atmen noch mit dem ganzen Körper, Grundschüler hingegen ziehen die Luft nur noch bis in den oberen Brustbereich. Vom häufigen Sitzen vor dem Computer haben viele Menschen eine verkürzte Brustmuskulatur und können nicht mehr richtig in den Bauch atmen. Die Folge sind Verspannungen im

Schulter- und Nackenbereich, Unruhe und die Unfähigkeit, sich zu entspannen.

Die Atmung ist besonders wichtig, wenn Sie länger sprechen. Die Menge der Luft, die durch unsere Stimmbänder strömt, bestimmt die Klarheit der Töne und die Lautstärke unserer Sprache. Der Atem ist dafür verantwortlich, ob wir flüstern oder schreien, nuscheln oder krächzen – ja, ob unsere Zuhörer überhaupt ein Wort hören können. Auch wie wir stehen und gehen, gebeugt oder gerade, verkrampft oder locker, bestimmt unseren Atem. Er ist ebenso dafür verantwortlich, wie wir auf andere wirken: kraftvoll oder schlapp, überzeugend oder unsicher. Das Ganze funktioniert auch umgekehrt: Unsere Haltung ist ausschlaggebend für die Kraft des Atems und damit unserer Stimme. Wer sich hängen lässt oder in gebückter Haltung spricht, hat nicht genug Luft. Der Brustkorb ist eingeengt, so kann Atemenergie nicht fließen. Und das hört man.

Richtig atmen zu lernen, bedeutet, an der eigenen Persönlichkeit zu arbeiten. Wir stärken damit unsere Wirkung auf uns selbst und auf andere. Der Atem ist nämlich die Verbindung zwischen Körper und Seele. **Bei allem, was uns emotional berührt, ist der Atem unmittelbar beteiligt.** Wir halten den Atem an, wenn wir unter großer Anspannung stehen oder Schmerzen haben. Wenn wir wütend oder aufgeregt sind, geht unser Atem schneller. Redeangst lässt ihn sogar stocken. Das haben Sie sicher auch schon mal erlebt: Sie stehen auf, um etwas zu sagen.

Alle schauen Sie erwartungsvoll an. Plötzlich verkrampft sich Ihr Hals, die Zunge wird schwer, der Mund trocken. Ihnen stockt im wahrsten Sinne des Wortes der Atem. Ein flacher Atem bedeutet eine flache Stimme: Sie ist leise, brüchig, kraftlos. Haben Sie dann die Startschwierigkeiten überwunden, wird der Atem tiefer, die Stimme festigt sich und mit der Stimme hebt sich auch die Stimmung. Sie fühlen sich wieder besser und signalisieren das mit Ihrer Haltung nach außen.

Beim nächsten Mal sollten Sie mit einer guten Atemtechnik gegensteuern. Sie können sich nämlich auch der Kraft des Atems bedienen, um Ängste zu vertreiben.

▶ **Praktische Übungen**
- Bauchatmung trainieren

  Legen Sie sich auf den Rücken und platzieren Sie ein Buch auf dem Bauch. Atmen Sie ein. Beim Einatmen sollte sich das Buch deutlich nach oben bewegen. Das zeigt die richtige Bauchatmung an. Später können Sie im Stehen die Hände auf den Bauch legen und versuchen, beim Ausatmen zu sprechen. Sie werden merken, dass Ihre Stimme dann viel kraftvoller klingt. Wichtig ist auch, die Stimme während des Vortrages zu variieren: mal schnell, mal langsam, mal laut und mal leise zu reden. Tempo, Lautstärke und Stimmlage abwechseln.

- Haltung zeigen

  Klemmen Sie sich zwei Tennisbälle rechts und links unter die Achseln. Holen Sie tief Luft und erleben Sie, was passiert: Ihr Brustkorb weitet sich, die Schultern gehen etwas nach unten, und Sie richten sich automatisch auf. Diese Übung verhindert, dass Sie sich klein machen. Sie stehen dabei aufrecht, ohne steif zu sein. Sie sind konzentriert, aber offen und locker. All das bewirkt: Sie können frei und gut atmen.

- Entspannung lernen
  Wer bewusster atmet, kommt innerlich besser zur Ruhe. Diese Erfahrung können Sie in einer Atemtherapie oder beim Yoga machen. Die Wechselatmung, bei der man sich ein Nasenloch zuhält und dabei tief durch die Nase ein- und ausatmet, ist vor allem nach einem anstrengenden Arbeitstag entspannend. Außerdem hilft sie, die beiden Gehirnhälften besser miteinander zu koordinieren.
- Brustmuskulatur dehnen
  Stellen Sie sich gerade hin, falten Sie die Hände hinter dem Rücken und strecken Sie die Arme. Dann ziehen Sie die Arme so hoch es geht. Dabei atmen Sie tief ein und aus. Diese Übung tut allen gut, die viel sitzen und dabei eine gekrümmte Haltung einnehmen.

Überzeugend auftreten

Frei und selbstsicher zu reden, fällt den meisten Menschen schwer. Manchmal kommen wir aber nicht darum herum. Die Präsentation vor Kunden, das Referat vor Kollegen, die Begrüßung beim Jubiläumsfest, der Vortrag im Verein – es gibt viele Gelegenheiten, bei denen Sie etwas sagen müssen. Nicht immer ist es möglich, sich zu drücken. Wenn Sie dieses Kapitel zu Ende gelesen haben, werden Sie einige Hilfestellungen kennen gelernt haben, die Ihnen die Furcht nehmen. Überzeugend, lebendig und natürlich zu reden, kann man lernen.

Wer sich auf einen Vortag vorbereitet, sollte ihn laut lesen, mitschneiden und das Gesprochene hinterher analysieren. Sie können auch eine Vertrauensperson bitten, sich den Vortrag mit Ihnen anzuhören und hinterher Kritik zu üben. Die meisten von uns kostet es anfangs Überwindung, die eigene Stimme anzuhören. Seien Sie versichert: Jedem Menschen geht es so. Das liegt daran, dass wir unsere Stimme selbst sonst nur von innen hören, nie von außen. Sie klingt dann anders. Lassen Sie sich davon jedoch nicht abhalten. Die Aufzeichnung ist ein wertvolles Korrektiv. Sie können so überprüfen, ob Ihr Sprechtempo stimmt, ob Sie richtig betonen und ob Ihr Vortrag „klingt". Manchmal merkt man nämlich erst beim Lautlesen, an welchen Stellen noch Verbesserungen vorgenommen werden müssen.

Was macht einen guten Sprecher aus?

„I have a dream" – ich habe einen Traum. Wer kennt sie nicht, die berühmtesten Worte des schwarzen Bürgerrechtlers Dr. Martin Luther King jr. (1929–1968)? Sein gewaltloser Kampf für soziale Gerechtigkeit fand durch ein Attentat ein jähes Ende. Unvergessen ist jedoch seine Rede vom August 1963, die er anlässlich eines Protestmarsches zum US-Regierungssitz nach Washington hielt. Damals begleiteten 250 000 Menschen die Demonstration gegen die Unterdrückung der schwarzen Bevölkerung in den USA. Ein Jahr später wurde die Rassentrennung aufgehoben. Soweit der Hintergrund. Warum erwähne ich das? Weil Martin Luther King ein begnadeter Redner war. Bereits im Alter von nur 14 Jahren gewann er einen offiziellen Rednerwettbewerb. Seine Ansprache „I have a dream" ist unter den 100 besten Reden im Internet nachzulesen.

Allerdings haben nur die wenigsten von uns ein so großes Talent. Doch mit ein paar Tipps gelingt es, seinen Vortrag vor Publikum interessant zu machen. Dabei ist wichtig zu wissen: Wir können uns etwa 30 Minuten lang konzentrieren. Danach ist bei den meisten Erwachsenen Schluss mit der Aufnahmefähigkeit. Unsere Gedanken schweifen dann immer häufiger ab. Das macht sich besonders bei Vorträgen bemerkbar. Die Zuhörer sind nach dieser Zeit mit sich selbst beschäftigt, denken an ein bevorstehendes Ereignis oder beobachten ihre Sitznachbarn. Gute Sprecher wissen das. Sie holen noch mal Luft oder machen vor einer wichtigen Aussage ganz bewusst eine Pause und fixieren ihr Publikum, um mehr Aufmerksamkeit zu erhalten. Ebenfalls wichtig: eine gute Stimmmodulation, das heißt, mal schneller, mal langsamer und mal lauter, mal leiser sprechen. So bleiben Ihre Zuhörer am Ball.

Wer seine Rede einleitet mit: „Ich spreche heute über das Thema X, aber vorher möchte ich noch erwähnen ...“ verliert garantiert schlagartig die meisten Zuhörer. Deshalb ist es wichtig, immer wieder Schlüsselworte zu nennen und diese besonders zu betonen „Ar-beits-lo-sig-keit“, damit sich auch die „Ausreißer“ unter den Zuhörern wieder einklinken können. Ebenso fatal: Einleitungen wie: „Ich bin hier ja nicht der Experte ...“ Damit machen Sie sich selbst klein und signalisieren den anderen: Was ich zu sagen habe, ist nicht so wichtig.

GRUNDREGEL

Plastische Beispiele, bevorzugt humorvolle, würzen den Vortrag und wecken das Interesse der Leute. Monotones Geleier wirkt einschläfernd. Halten Sie unbedingt den Blickkontakt zum Publikum! Denn eine Grundregel der Kommunikation lautet: Wer das Auge hat, hat auch das Ohr.

Piepsstimme und verlegenes Gekicher

Achten Sie mal auf die Tonlage der Nachrichtensprecher-Innen. Die haben fast immer tiefe Stimmen. Besonders Frauen sollten sicherstellen, dass sie nicht in einer zu hohen Tonlage sprechen. Diese Klein-Mädchen-Stimme lässt Männer zwar weniger harsch reagieren, aber sie sorgt auch dafür, dass die Sprecherin wenig selbstbewusst wirkt. Wer ernst genommen werden und sich durchsetzen will, sollte also darauf achten, seine Stimme möglichst ruhig und normal klingen zu lassen. Am Satzende sollte man die Stimme senken, das wirkt überzeugend.

Wenn Sie etwas sagen, sollten Sie auch nicht lange um den heißen Brei herumreden. Auch lange Einleitungsfloskeln, unnötige Bitten und Entschuldigungen können Sie vergessen. Formulieren Sie statt dessen klar und präzise!

Ein weiterer typischer Fehler ist das Zurücknehmen einer Forderung durch verlegenes Gekicher, zum Beispiel in der Schlange beim Bäcker: „Ich war ja eigentlich vor Ihnen dran, hehehehe." Wer Worte wie „eigentlich" oder „vielleicht" gebraucht, signalisiert schon, dass er aufgegeben hat. Der Vordrängler wird also in seinem Verhalten bestätigt und hat keine Veranlassung, sich hinten anzustellen. Und was das verlegene Gekicher anbelangt, so vermitteln Sie: „Das ist jetzt zwar ein Protest, aber ich meine es nicht so." Sie nehmen Ihrem Angriff sofort die Schärfe. Dadurch bringen Sie sich von vornherein um die Chance zu gewinnen. Machtmenschen nutzen diese Unsicherheit gerne aus.

Sprachwissenschaftler haben herausgefunden: Wenn in den ersten drei Minuten sechsmal Sprechlacher (hehehe) kommen, ist die Aussicht, sich durchzusetzen, gleich Null.

Sich nicht unterbrechen lassen

Sie gehören sicherlich nicht zu den Vielrednern. Deshalb haben Sie es auch nicht verdient, beim Sprechen unterbrochen zu werden. Menschen mit wenig Selbstvertrauen hören meist sofort auf, wenn sie (mehrmals) unterbrochen werden. Das ist schade, weil es sie das nächste Mal noch mehr Mut kostet, das Wort zu ergreifen. Versuchen Sie Folgendes: Einfach weiterreden! Politiker machen es uns ständig vor. Wenn Ihnen also demnächst mal wieder jemand in die Parade fährt, werden Sie einfach lauter und sprechen Sie unbeirrt weiter. Damit geben Sie dem Störenfried zu verstehen: Was du hier machst, ist eine Unhöflichkeit, die ich nicht dulde. Wer dagegen sagt: „Jetzt lassen Sie mich doch mal ausreden!" wirkt hilflos und erzielt das Gegenteil. Besser wäre es, den Unterbrecher direkt anzusprechen: „Herr Müller, Sie sind später dran!" Dann kriegt der eine Beißhemmung.

Viele Menschen haben die Angewohnheit, andere ständig zu unterbrechen, auch wenn diese gerade erst zu sprechen begonnen haben. In solchen Fällen können Sie sagen: „Warten Sie bitte … Lassen Sie mich das kurz noch zu Ende bringen …" So holen Sie sich das Wort zurück, ohne den anderen anzugreifen.

Richtig telefonieren

Beim Telefonieren sollten Sie möglichst lächeln und auch gestikulieren – man hört es. Wer mit krummem Rücken und gesenktem Kopf spricht, klingt auch so: geknickt, gedämpft, schwach. Bei gerader Haltung, offener Brust, und einem Lächeln klingt die Stimme gleich viel freund-

Die Stimme am Telefon sollte freundlich und präsent klingen. Vor allem, wenn Sie etwas erreichen wollen.

licher. Achten Sie darauf, am Telefon stets positiv zu kommunizieren, denn negative Aussagen wirken wenig hilfsbereit, mitunter sogar patzig. Sagen Sie nie, dass Sie über eine Sache nicht Bescheid wissen oder keine Ahnung haben, wann der Kollege wieder da sein wird. Besser ist es, zu antworten: „In der Angelegenheit mache ich mich schlau und rufe gleich zurück." Oder wenn es um den Kollegen geht: „Ich lege ihm einen Zettel hin und er meldet sich, sobald er wieder da ist." Bieten Sie immer eine Lösung an. Das wirkt kompetent.

Konzentrieren Sie sich möglichst ganz auf das Telefonat, schreiben Sie nicht nebenbei E-Mails oder heften Sie keine Unterlagen ab. Das lenkt ab, und Ihnen könnten wichtige Informationen entgehen. Langatmige Gespräche kürzen Sie am besten ab, indem Sie sagen: „Herr Hofmann, in dieser Angelegenheit sprechen Sie am besten mit Frau Müller direkt. Ich notiere, dass Sie angerufen haben und ein Stichwort. Dann weiß sie schon mal, worum es sich handelt." Menschen reagieren – auch am Telefon – am schnellsten auf ihren Namen. Nennen Sie daher den Namen des Anrufers, um seinen Redeschwall zu unterbrechen. Generell ist es immer höflich, den Anrufer direkt anzusprechen. Notieren Sie daher sofort seinen Namen und reden Sie ihn damit an. Jeder Mensch freut sich über eine solche Beachtung. Auf diese Weise zeigen Sie Aufmerksamkeit und Respekt.

Zuhören will gelernt sein

Wir alle sind fast pausenlos störenden Geräuschen ausgesetzt: Verkehrslärm, Handyklingeln, Stimmengewirr, Radio oder MP3 Player dudeln und der Fernseher läuft stundenlang. Es prasselt also eine Unmenge von Lärm auf uns ein. Oft über dem erträglichen Schallpegel von 55 Dezibel. Wir wären völlig überfordert, wenn wir allen Geräuschen, die an unser Ohr dringen, Aufmerksamkeit widmen würden. Daher selektiert unser Gehirn – es filtert nur das heraus, was für uns wichtig ist. Dabei entstehen nicht selten Missverständnisse. Viele Leute glauben, schon zu wissen, was der Sprecher sagen will, und hören dann gar nicht mehr richtig zu. Ich packte kürzlich zu Hause ein falsches Stück Käse aus, weil die Verkäuferin nicht richtig zugehört hatte. Gouda war im Angebot, aber den wollte ich gar nicht. Offenbar hatte sie ihn an diesem Tag so oft verkauft, dass sie auch mir automatisch ein Stück Gouda abschnitt.

Warum ist Zuhören allgemein so schwer? Weil es recht anspruchsvoll ist. Das zeigt folgendes Beispiel: Im Autoradio ertönen die Verkehrsnachrichten. Man denkt: „O ja, mal sehen, ob auf meiner Autobahnstrecke, auf der A 5, auch etwas gemeldet wird." Doch Sekunden später ist man schon nicht mehr bei der Sache. Hinter einem versucht ein Autofahrer sich mit der Lichthupe Respekt zu verschaffen, im Wagen auf der Nachbarspur winken fröhlich Kinder, und ehe man sich versieht, kommen bereits die Meldungen von der A 8. – Nicht aufgepasst! Obwohl man es sich fest vorgenommen hatte, war man nicht bei der Sache. Woran liegt das? Ein Autofahrer muss mehrere Dinge gleichzeitig registrieren und verarbeiten: Lenken, Blinken, Schalten, Verkehr beachten, auf spontane Aktionen reagieren, Radio hören. Menschen sind nicht in der Lage, so viele Aufgaben zur selben Zeit auszuführen. Wer also Auto fährt und vom Verkehr stark beansprucht wird, während er Radio hört, springt in seiner Aufmerksamkeit ständig hin und her. So verpasst er oft die Staumeldung für seinen Autobahnabschnitt.

Ein anderes Beispiel: Eine Freundin lud auf einer Party alle Umstehenden zu ihrem eigenen Fest ein. Das bekamen allerdings nur wenige mit. Der Grund: Sie waren viel zu sehr damit beschäftigt, von sich zu reden, anstatt zuzuhören. Die meisten Menschen reden lieber, als zuzuhören, erzählen zum hundertsten Mal von ihrer „dramatischen" Gallenoperation oder von Onkel Bernhards peinlichem Auftritt während der Familienfeier. Andere warten derweil vergeblich auf eine Chance, zu Wort zu kommen. Hinter so viel Mitteilungsbedürfnis steckt häufig Egozentrik und Eitelkeit. Das ist eigentlich kontraproduktiv, denn neue Informationen bekommt man schließlich nur über das Zuhören.

Statt „Durchzug" lieber „ganz Ohr"

Manche schaffen das Zuhören auch einfach nicht, weil es ihnen an der nötigen inneren Ruhe fehlt. Ihren Mitmenschen bleibt das natürlich nicht verborgen. So mancher gibt dann einfach auf und stellt die Ohren auf „Durchzug". Daher gilt es, Einfühlungsvermögen und ein Gespür dafür zu entwickeln, wann es wichtig ist, jemandem zuzuhören. Selbst dann, wenn einem die Angelegenheit nicht sonderlich interessant erscheint. Versuchen Sie, es als ein menschliches Entgegenkommen zu betrachten, das Ihnen im umgekehrten Fall auch gut täte. Schließlich besteht das Miteinander aus Geben und Nehmen!

Wenn Sie allerdings häufig mit anderen Menschen zu tun haben und dabei leicht abgelenkt sind, lohnt es sich, das bessere Zuhören zu trainieren. Wer seinen Mitmenschen gegenüber „ganz Ohr" ist, signalisiert Interesse. Er tut sich leichter, Kontakt aufzunehmen und Vertrauen zu gewinnen. Und das ist im täglichen Miteinander unverzichtbar. Außerdem erhalten Sie auf diese Weise viele Informationen und können ein Gespräch durch Fragen lenken. Das schafft Selbstvertrauen. Nehmen Sie sich also auf der nächsten Party mal Zeit, Ihrem Gegenüber genau zuzuhören und ab und zu Fragen zu stellen.

Smalltalk

So wie die Vorspeise als Auftakt für ein schönes Essen dient, dient der Smalltalk als Einstimmung auf das große Gespräch. Viele Berufstätige fürchten Firmen-Feiern mit offiziellem Charakter wie der Teufel das Weihwasser. Das Problem: Sie wissen nicht, wie sie sich verhalten sollen, haben Angst, keinen Gesprächspartner zu finden und blöd herumzustehen. Vor allem, wenn wichtige Persönlichkeiten geladen sind, ist der Druck hoch, einen besonders intelligenten, originellen und bleibenden Eindruck zu hinterlassen. Aber wie kommt man ins Gespräch? Und was ist ein guter Einstieg? Keine Sorge, der so genannte Smalltalk lässt sich lernen. Welcher Anlass es auch sein mag – die private Einladung, der Cocktailempfang, die Geschäftsverhandlung, die Pausen bei Sitzungen, der Kontakt auf Messen und Veranstaltungen – ein gelungener Smalltalk öffnet Türen und schafft Atmosphäre.

Diese kleine Plauderei wird oft unterschätzt, viele Menschen halten Smalltalk für überflüssig und oberflächlich. In Wahrheit ist er aber nie vergebens: Er befriedigt soziale Bedürfnisse nach Nähe, Wärme oder Anerkennung. Manch gute Kontakte oder auch Geschäftsabschlüsse nahmen in dieser ungezwungenen Atmosphäre ihren Anfang. Eine Chance also, die man nutzen sollte. Doch wie findet man den richtigen Einstieg in nettes Geplauder? Auch dafür gibt es Regeln und Tabus. Bereiten Sie sich daher gut darauf vor und überlassen Sie es nicht dem Zufall, mit wem Sie ins Gespräch kommen. Am besten, Sie überlegen schon vorher, wen Sie dort treffen werden, mit wem Sie reden möchten und welche Anknüpfungspunkte es gibt.

VORHER GUT INFORMIEREN

Generell gilt: Wer gut informiert ist, also die aktuellen Nachrichten verfolgt, findet leichter einen Einstieg. Als Starter dienen auch Wetter, Hobbys, Wochenenderlebnisse. Mit Sätzen wie „Hat jemand schon den neuen Scorsese-Film gesehen?" oder „Ich war am Sonntag an der Nordsee, das Wasser ist wunderbar warm …" liegen Sie nie falsch. Generell gilt: Je mehr man über die Vorlieben des Gegenübers weiß, desto leichter gelingt der Smalltalk.

Schauen Sie sich auf der Feier zunächst in Ruhe um und gehen Sie dann auf einen Menschen zu, der Sie interessiert. **Seien Sie ein guter Zuhörer und zeigen Sie durch Fragen Ihre Aufmerksamkeit.** Fallen Sie nicht mit der Tür ins Haus! Vermeiden Sie Gespräche über Partnerschaftsprobleme, Krankheiten und Klatsch über Mitarbeiter oder den Chef. Das eine ist zu intim, das andere lässt unangenehme Rückschlüsse auf Ihren Charakter zu. Besser ist es, etwas zum Anlass des Treffens oder etwas über das Essen zu sagen (wenn es gut war). So bleibt man im Gedächtnis und öffnet Türen. Sprechen Sie nicht um jeden Preis jemanden an, schon gar nicht, wenn er in Gedanken oder in Eile ist. Hören Sie mindestens so viel zu, wie Sie selbst reden. Wenn Sie auf eine Gruppe zugehen, sollten Sie erst einmal lächeln und lauschen, worüber gesprochen wird. Warten Sie dann, bis sich eine Gelegenheit zum Mitreden ergibt.

Das Verkehrteste, was Sie bei so einem Treffen machen können, ist, sich an einem Gesprächspartner festzubeißen. Schließlich sollen Sie beim Smalltalk auch ein wenig entspannen und Leute kennen lernen. Daher ist es wichtig, ein wenig herumzuwandern und mehrere zwanglose Gespräche von jeweils maximal 15 Minuten zu führen. Verabschieden Sie sich höflich mit einem: „Das war ein wirklich gutes Gespräch. Vielleicht haben wir demnächst Gelegenheit, es zu vertiefen." Hat sich jemand an Ihnen festgebissen, sagen Sie einfach: „Ich muss Ihnen unbedingt Herrn XY vorstellen" oder „Entschuldigen Sie, ich möchte schnell jemanden begrüßen". Danach sind Sie die Klette los. Trauen Sie sich ruhig, selbst zu bestimmen, wann ein Gespräch beendet ist! Lassen Sie sich nicht wertvolle Lebenszeit stehlen, wenn Sie sich eigentlich viel lieber mit einem anderen Menschen austauschen wollen.

Nehmen Sie auch im Alltag immer wieder Möglichkeiten wahr, um Ihre Smalltalk-Qualitäten zu verbessern: Beim Bäcker, in der Schlange im Supermarkt, im Wartezimmer oder im Zug. Wer die kleine Plauderei trainiert, wird bald keine Schwierigkeiten mehr damit haben. Mit der Zeit werden Sie auf diese Weise kontaktfreudiger und liebenswürdiger.

Macken abbauen

Fast alle von uns haben sie: lästige Angewohnheiten, Macken oder Ticks, die wir meist selbst gar nicht mehr bemerken, mit denen wir anderen jedoch gehörig auf die Nerven gehen: zum Beispiel an Gegenständen herumfummeln, Bleistiftkauen, mit dem Stuhl kippeln, Haare zwirbeln, Nägelkauen oder sich häufig an der Nase kratzen. Diese Macken dienen dazu, Spannung abzubauen. Schließlich müssen wir uns täglich sehr disziplinieren. Auf diese Art lassen wir Dampf ab. Abbauen sollte man solche Angewohnheiten aber spätestens dann, wenn sie unangenehm auffallen. Auch oft benutzte Redewendungen oder ein „Gell?" jeweils am Satzende sollten Sie vermeiden. Um diese Macken abzustellen, können Sie Ihren Partner bitten, Sie jedes Mal darauf aufmerksam zu machen. In guter Form, versteht sich. Man kann auch ein geheimes Zeichen verabreden, wenn man in Gesellschaft ist.

Ich erinnere mich an einen durchaus interessanten Vortrag einer Ärztin, die allerdings vor lauter Nervosität nach jedem zweiten Satz die Floskel „Wie schon gesagt" einfließen ließ. Bereits nach wenigen Sekunden konnte ich mich nicht mehr auf den Inhalt ihrer Rede konzentrieren, sondern wartete nur noch auf das „Wie-schon-gesagt". Es war grotesk. Ich zuckte jedes Mal zusammen, wenn die Floskel wieder auftauchte. Die Ärztin tat mir leid. Der Inhalt ihrer Rede verpuffte.

SEIEN SIE NETT ZU SICH!

Natürlich können Sie nicht alle Dinge schleifen lassen. Aber denken Sie trotzdem öfter einmal an sich und tun Sie sich selbst etwas Gutes! Denn in diesen kleinen Auszeiten macht Ihre Seele Urlaub und Sie können anschließend mit neuer Kraft wieder voll durchstarten.

Versöhnung mit sich selbst

Es gehört zur menschlichen Identitätssuche, von sich ein Bild zu erschaffen. Wohl jeder von Ihnen hat ein Idealbild von sich im Kopf und wünscht sich insgeheim, ein bisschen perfekter zu sein: nicht so ungeduldig, selbstbewusster, pünktlicher oder charmanter. Manche möchten am liebsten auch anders aussehen. Angeblich wünscht sich fast die Hälfte der Deutschen eine Schönheitsoperation. Vergessen Sie das! Bemühen Sie sich, sich so zu akzeptieren, wie Sie sind. Schließen Sie auch Frieden mit Ihrem Äußeren. Schließlich ist niemand so kritisch mit Ihnen wie Sie selbst. **Je weniger Sie sich runtermachen, desto besser für Ihr Ego.**

Es gibt immer Möglichkeiten, alles Störende, das nicht ins eigene Bewusstsein und Selbstbewusststein passt, auszublenden. Manche Menschen sind wahre Meister im Verdrängen. Das ist der einfachere Weg. Nur alles Verdrängte strömt auch irgendwann wieder an die Oberfläche und bricht sich dann womöglich an ganz ungeeigneter Stelle Bahn. Die Versöhnung mit sich selbst ist zunächst der wesentlich unbequemere Weg. Ihn zu beschreiten bedeutet, sich von falschen Idealen und Illusionen zu trennen. Und das tut manchmal weh.

EIN BISSCHEN MEHR ICH!

Wie gesagt, der Weg fängt – wie immer – bei uns selbst an: Wie können wir jemanden liebevoll und respektvoll behandeln, wenn wir es nicht auch uns selbst gegenüber sind? Denn nur wer sich selbst annimmt und respektiert, kann auch anderen diese Gefühle entgegenbringen. Anders gesagt: Ein bisschen mehr Ich fördert das Wir.

Es ist für die Selbstakzeptanz ungeheuer wichtig, sich immer wieder einmal selbst zu bewundern. Leider können die wenigsten Menschen ihre Einzigartigkeit genießen, weil sie sich selbst nur im Vergleich zu den anderen sehen und dabei in ihrer Wahrnehmung grundsätzlich schlechter abschneiden. Wie oft höre ich Sätze wie „Sie haben gut reden, Sie sind ja schlank!" oder „Der kann sich's ja leisten, der hat Geld!". Aber woher stammt der Glaube, dass vermeintlich schlankere und erfolgreichere Menschen tatsächlich glücklicher sind?

Eigene Maßstäbe setzen

Die meisten machen sich Gedanken darüber, was andere vielleicht über sie denken könnten. Aber solange wir darüber nachdenken, gehören wir denen. Schon bei der Vorstellung, andere könnten uns bewerten, werden wir nervös. Dabei dient es doch niemandem, wenn wir uns ständig klein machen! Brauchen Sie wirklich die Bewunderung der anderen, um sich selbst gut zu finden? Sich dauernd zu vergleichen, kostet immens viel Kraft, weil Sie immer besser oder schlechter sind als andere. Wir befinden uns also stets auf dem Prüfstand und in permanenter Furcht: „Bin ich hübsch / schlank / intelligent genug?", „Ist der / die andere besser?" Was für ein Stress! Und bringen tut es auch nichts. Höchstens Frust und Neid oder im positiven Fall einen Triumph von einigen wenigen Minuten. Wozu also die ganze Anstrengung? Was für Wertvorstellungen sind es, denen Sie sich unterwerfen? Setzen Sie Ihre eigenen Maßstäbe, haben Sie den Mut, Sie selbst zu sein!

▶ **Praktische Übungen**

Jede Veränderung fängt mit mehr Selbstvertrauen an. Dazu ist es erforderlich, dass Sie sich selbst annehmen und mögen, wie wir ja bereits festgestellt haben. Damit das auch wirklich klappt, sollten Sie sich in den nächsten vier Wochen jeden Morgen und jeden Abend nach dem Zähneputzen vor den Spiegel stellen und laut sagen: „Ich mag mich!" Machen Sie das jetzt jeden Tag. Sie werden erleben, es gelingt Ihnen immer besser. Das Erstaunliche ist: Unser Unterbewusstsein reagiert auf die Botschaft. Allmählich mögen wir uns so tatsächlich immer mehr. Bestimmt können Sie dann auch bald sagen: „Ich liebe dich ..." und dann nennen Sie Ihren Namen.

Die nächste Aufgabe ist, sich einmal in Ruhe nackt vor dem Spiegel zu betrachten. Schauen Sie sich an, auch die Körperstellen, die Ihnen eventuell nicht so gut gefallen. Um diese geht es jetzt. Haben Sie vielleicht ein kleines Wohlstandsbäuchlein? Dann legen Sie die Hände darauf und sagen Sie: „Es tut mit leid, lieber Bauch, dass ich so gehässig zu dir war. Doch du gehörst zu mir, und ich nehme dich an." Machen Sie das mit allen Körperregionen, die Sie stören. Ihr Unterbewusstsein wird die Botschaft hören. Wenn Sie diese Übungen öfter praktizieren, wird es Ihnen wesentlich besser gehen. Dann können Sie sicher bald Ähnliches sagen wie meine Freundin an ihrem 45. Geburtstag: „Ich habe mich an mich gewöhnt! Und was ich sehe, find ich gar nicht übel!"

Loslassen und Vertrauen

Alle Menschen streben nach Glück. Doch was macht uns wirklich glücklich? Zum größten Teil liegt es an uns selbst, das Glück zu finden. Und das geht am besten in vielen kleinen Schritten:

- Optimismus

  Jedes Erlebnis hat eine positive Seite. Mit Zuversicht lässt sie sich entdecken. Schließlich ist das meiste eine Sache der Bewertung. Ihr Freund kommt abends nicht wie verabredet vorbei, sondern muss wegen Krankheit absagen? Dann bekochen Sie sich eben allein sehr lecker oder Sie machen sich einen gemütlichen Fernsehabend. Wer sich ständig als Opfer der Umstände sieht, wird pessimistisch. Viele Menschen haben auch eine zu hohe Erwartungshaltung. Wird diese nicht erfüllt, sinkt ihre Laune schnell auf den Nullpunkt.

- Humor

  Besser, Sie nehmen nicht alles so ernst. Weder sich selbst noch die anderen. Schließlich wird nichts so heiß gegessen wie es gekocht wird. Wichtig: mindestens einmal am Tag lachen!

- Freundschaften

  Sie wollen gepflegt werden. Deshalb sollten Sie sich Zeit nehmen für die Menschen, die Ihnen am Herzen liegen. Vergessen Sie sich aber nicht dabei! Es tut gut, sich selbst öfter etwas Schönes zu gönnen!

Denken Sie daran: Glückskinder meiden Neid, Missgunst, üble Nachrede, Erfolgsdruck, Schlafmangel und Drogen. Und sie grübeln nicht lange über Dinge nach, die doch nicht mehr zu ändern sind.

Blick nach vorn richten

Sie können sich viel Kummer ersparen, wenn Sie gelernt haben loszulassen. Eine schwierige Aufgabe, vor allem, wenn es sich um den Tod eines geliebten Menschen handelt. Trauern ist wichtig, um das Geschehene zu verarbeiten. Doch nach spätestens einem Jahr sollten Sie loslassen und lernen, anzunehmen, was unveränderbar ist. Danach heißt es, selbstständig wieder neue Dinge in Angriff zu nehmen. Das ist zunächst eine Herausforderung, aber es kann auch Lebendigkeit und neue Erfahrungen in Ihr Leben bringen. Das gilt ebenso für Trennungen vom Partner, Veränderungen im Beruf oder wenn die Kinder flügge werden. Wer mit den Ereignissen hadert, stets nur die Vergangenheit sieht und den Blick nicht nach vorn richtet – verlängert nur das Leiden. Für manche Leute ist es viel bequemer, unglücklich zu sein, als über sich und die eigene Lage einmal gründlich nachzudenken. Der Weg zur Selbsterkenntnis ist anstrengend, birgt aber die große Chance, dabei glücklicher zu werden. Schließlich ist es viel besser zu vergessen und zu lächeln, als sich zu erinnern und traurig zu sein.

In der Dreigroschenoper von Bert Brecht heißt es: „Ja, renn nur nach dem Glück, doch renne nicht zu sehr, denn alle rennen nach dem Glück, das Glück rennt hinterher." Will sagen: Wie wäre es, einmal gar nicht zu rennen? Mal nicht das zu machen, was alle anderen machen, sondern lieber mal auf die innere Stimme zu hören und deren Eingebung zum Glücklichsein zu folgen? Selbst wenn es bedeutet, die Laufrichtung komplett zu ändern. Manchmal kann man nämlich gerade dann dem Glück begegnen. Seien Sie also mutig und folgen Sie Ihrer Intuition und nicht dem, was anderen Menschen gefällt.

Schwächen werden Stärken!

Oft herrscht ein krasser Widerspruch zwischen dem inneren Befinden und dem Eindruck, den man auf andere macht. Thomas musste ein Meeting leiten, weil sein Kollege plötzlich krank geworden war. Mit leiser, zittriger Stimme legte er los und fühlte sich die ganze Zeit total unwohl. Danach glaubte er, alles vermasselt zu haben. Doch weit gefehlt: Er erntete großen Applaus. „Du hast das Problem wirklich gut rübergebracht. Ich fand deine Argumente sehr überzeugend", lobte ihn danach ein Kollege. Auch Psychologen bestätigen, dass man auf andere grundsätzlich positiver wirkt, als man glaubt. Der Grund: **Andere betrachten uns meist weniger kritisch, weil sie nicht den unbarmherzigen Scharfblick auf uns haben wie wir selbst.** Noch mehr Beispiele gefällig? Man selbst findet sich zu nachgiebig, andere halten einen für diplomatisch. Oder man empfindet sich als unorganisiert, Freunde nennen das kreativ und spontan.

Niemand ist perfekt. Gerade Frauen grübeln häufig über ihre kleinen Fehler. Doch nicht immer ist es notwendig, diese auszumerzen. Lassen Sie Ihre überzogene

Selbstkritik und verwandeln Sie Ihre Schwächen in Stärken! Denn gerade diese machen uns liebenswert und einzigartig. Nehmen Sie sich auch mit Ihren Schwächen an, dann gelingt es Ihnen leichter, auch Misserfolge zu verkraften!

NACH EIGENER FASSON GLÜCKLICH WERDEN

Ihre Schwiegermutter ist die perfekte Hausfrau, der alles gelingt? Sie sind froh, wenn Ihre Wohnung halbwegs aufgeräumt ist? Ihre beste Freundin ist immer tiptop gestylt und Sie verlassen manchmal noch mit nassen Haaren die Wohnung? Na und? Hören Sie auf, sich mit anderen zu vergleichen! Lassen Sie die anderen doch denken, was sie wollen. Schließlich darf jeder nach seiner Fasson glücklich werden. Sie sind erwachsen und wissen selbst, was gut für Sie ist.

Nicht gegen sich selbst kämpfen

Wenn Sie Ihre Schwächen zu würdigen wissen, verlieren diese an Macht über Sie. Können Sie sich vorstellen, dass Ihre Unkonzentriertheit, Faulheit, Vergesslichkeit oder was Sie sonst noch plagt, zu irgendeinem Zeitpunkt in Ihrem Leben einmal sinnvoll war – dann aber zur Gewohnheit wurde? Dann geht es nicht mehr darum, diese Seite an sich zu verdammen. Damit machen Sie sich selbst zum Feind. Und Sie werden in Ihrem Kampf dagegen viel Energie verschwenden. Sie sollten nicht gegen sich kämp-

fen, sondern dem, was Sie erworben haben, einen Platz
einräumen. Aber nur einen eingeschränkten. Doch damit
diese Einschränkung gelingt, müssen Sie Ihre Schwächen
erstmal erkennen.

Schwächen erkennen

Heißt Ihre Schwäche Ängstlichkeit, bietet sie Ihnen vielleicht ein bequemeres Leben. Sie verhindert nämlich, dass
Sie sich Unsicherheiten aussetzen müssen. Heißt sie Nie-
dergeschlagenheit, beschützt diese Sie vor weiteren Enttäuschungen. Außerdem verhindert sie, dass Sie jemandem durch Tüchtigkeit Konkurrenz machen. Vielleicht
hat Ihre Schwäche andere dazu gebracht, Sie zu trösten.
Auch das könnte ein Grund sein, um an ihr festzuhalten.
Wenn Sie Ihre Schwäche genauer ansehen, ist sie vielleicht
nur in ganz speziellen Situationen nützlich oder sie war
es vor langer Zeit. Räumen Sie Ihrer Unvollkommenheit
in Ihrem heutigen Leben einen eingeschränkten Platz ein
und seien Sie nachsichtig mit sich.

Vielleicht tröstet es Sie, dass Menschen, die wenig
Selbstvertrauen haben, recht beliebt sind, weil sie be-
scheidener wirken. Ihr Pluspunkt: Sie sind darin geübt,
ihren Mitmenschen viel Aufmerksamkeit zu widmen, da
sie nirgends anecken wollen. Sie besitzen sehr viel Einfühlungsvermögen und können sich gut in andere hinein-
versetzen.

▶ **Praktische Übung**

Überlegen Sie sich, was Ihre Qualitäten sind, was Sie an sich selbst mögen. Schreiben Sie sich Ihre Stärken einmal auf. Auch die „Ich-bin-toll-Zettel" können helfen. Kurz vor einem wichtigen Gespräch sollten Sie sich die persönlichen Pluspunkte noch einmal vergegenwärtigen. Sagen Sie ja zu sich, wenn man Ihr Lachen mag, und vergessen Sie Ihre heimliche Sorge, Sie seien immer ein bisschen zu laut. Haben Sie sich lieb, so wie Sie sind. Das Ergebnis: Ihre positive Ausstrahlung verstärkt sich. Ihre Wirkung auf andere – einfach super!

Die eigene Einmaligkeit entdecken

Viele Menschen kennen ihren eigenen Wert nicht, weil er ihnen in einer prägenden Phase ihres Lebens nicht gespiegelt wurde. Sie leiden, weil sie sich ihrer selbst nicht bewusst sind. „Höhepunkt des Glücks ist es, wenn der Mensch bereit ist, das zu sein, was er ist", sagte schon der Humanist und Theologe Erasmus von Rotterdam (1466–1536). Es geht darum, sich einzigartig zu fühlen, statt sich am scheinbar besseren Leben anderer Menschen zu orientieren. Wie erlangt man nun dieses Bewusstsein der Einmaligkeit, oder wo finden Sie es wieder, wenn es Ihnen auf Ihrem Weg abhanden gekommen ist?

Menschen neigen dazu, sich zu vergleichen. Doch das Leben ist kein Wettrennen. Ziel sollte es sein, bei sich selbst anzukommen. Ständig suggeriert uns die Werbung schlank, schön, fit und gesund sein zu müssen. Mancher wirft da frustriert das Handtuch. „Neben meinen Freundinnen komme ich mir immer vor wie ein hässliches Entlein", sagte mir eine 15-jährige Praktikantin. Meine Beteuerungen, dass ich sie attraktiv und klug finde, nützten nichts. Es ist in Ordnung, wenn wir uns vergleichen, das stachelt unseren Ehrgeiz an. Aber problematisch wird es, wenn wir daraus die Schlussfolgerung ziehen, weniger wert zu sein als andere. Bei den Betroffenen hat sich irgendwann die Überzeugung in ihr Unterbewusstsein eingegraben, nicht gut genug und nicht liebenswert zu sein.

Den inneren Kritiker mundtot machen!

Es gilt, Strategien zu finden, die Ihnen im Notfall helfen können, Ihr Gleichgewicht wiederzufinden und sich nicht in die gewohnte gedankliche Negativspirale zu begeben, die erfahrungsgemäß nach unten in die Selbstverachtung führt. Das ist keine leichte Aufgabe, denn der innere Kritiker ist listig. Schließlich hat er jahrelange Erfahrung darin, wie er Ihre Ausbruchsversuche am besten vereiteln kann. Ziel ist die Selbstannahme, Freude und Gelassenheit. Danach werden Sie erstaunt feststellen, welch große Anziehungskraft ein Mensch hat, der in sich ruht und seinen inneren Wert kennt. Die Belohnung für Ihre harte Arbeit an sich selbst: Unter einer dicken Schicht werden verborgene Begabungen freigelegt. Sie entdecken, wie viele Facetten Sie besitzen, und gewinnen dabei an Größe und Selbstvertrauen. Anschließend werden immer weniger Situationen auftreten, in denen sich das alt vertraute Unwertgefühl einstellt. Irgendwann wird es Ihnen nicht mehr wichtig sein, was andere von Ihnen denken, ob sie ein besseres Leben führen oder nicht. Das ewige Messen und Vergleichen ist beendet. Sie können sich ganz entspannt zurücklehnen.

Soforthilfe-Tipps

Und falls Sie doch mal wieder in der alten Negativspirale landen, gibt es effektvolle Sofort-Hilfe-Programme:

- Verlassen Sie die belastende Situation und begeben Sie sich an einen ruhigen Ort. Hier sollten Sie sich ganz auf Ihre Atmung konzentrieren. Atmen Sie ein paar Mal tief ein und aus. Dabei legen Sie die Konzentration auf die Ausatmung. Schließen Sie dabei die Augen.

NETZWERK

Trotzdem empfiehlt es sich für trübe Stunden, ein Netzwerk von lieben Menschen zu haben, die Sie unterstützen. Die Gewissheit, dass es Leute gibt, die Ihre Sichtweise teilen, verringert das Gefühl, allein zu sein. Sie können ein Gefühl der Gemeinsamkeit aufbauen und Ideen, Einstellungen oder sogar Kindheitserfahrungen teilen, wenn Sie Ihre Bedürfnisse zum Ausdruck bringen und Ihren Freunden mitteilen, was Sie denken und wie Sie sich fühlen. Es ist in Ordnung, so zu sein, wie Sie sind.

- Was machen Sie gern? Was können Sie gut? Gehen Sie auf eine gedankliche Entdeckungsreise. Erinnern Sie sich an das angenehme Gefühl, etwas erfolgreich zu Ende gebracht zu haben. Spüren Sie diesem Gedanken einen Moment lang nach. Wissen Sie noch, wie Ihnen Ihre Kollegen anerkennend auf die Schulter geklopft haben? Ihr Partner Sie umarmt und geküsst hat?

- Untersuchen Sie die Gedanken, die Sie in der Stresssituation hatten. Waren sie stresssteigernd wie „Ich halte das nicht aus!" oder „Ich lasse mir das nicht länger bieten!"? Ihre Einstellung zur Situation und Ihre Reaktion spielen nämlich eine bedeutende Rolle. Wenn Sie sich sagen „Ich lass mich nicht aus der Ruhe bringen" oder „Das ärgert mich jetzt zwar, aber es gibt Schlimmeres" nehmen Sie eine andere innere Haltung ein. Das vermindert den Stress. Probieren Sie's aus!

Wer seine eigenen Stärken und positiven Charakterzüge kennt, um seine Talente und Fähigkeiten sowie Vorlieben und Interessen weiß, hat eine feste Grundlage für sein Selbstvertrauen. Niemand kann Ihnen das wegnehmen.

Selbstbehauptung und Mut

Zum Mut gehört das Vertrauen, dass Sie es schaffen können. Außerdem die Zuversicht, dass Sie gegebenenfalls mit einem Scheitern zurechtkommen können. **Beweisen**

Sie Mut, indem Sie lernen, Ihre Meinung zu sagen. Oder treten Sie für eine Sache ein, von der Sie überzeugt sind. Selbst wenn Sie mit Ihrer Meinung allein das stehen. Gegen den Strom zu schwimmen, erfordert Kraft. Doch seine Ansichten aus Angst zu verbergen, schadet dem Ansehen. Vertreten Sie Ihre Meinung – möglichst ohne Zögern oder den einleitenden Satz „Tut mir leid, aber ...“ Aufstehen und sich wehren, anstatt sich zu rechtfertigen, lautet das Motto. Wenn Sie sich dann durchgesetzt haben, werden Sie merken, wie Ihr Selbstvertrauen wächst. Und je häufiger Sie die Oberhand gewinnen, desto stärker werden Sie sich fühlen.

Seien Sie nicht zu misstrauisch, wenn Ihnen etwas Wunderbares widerfährt. Man muss auch bereit sein und es genießen können. Sie sind jetzt schließlich erwachsen und dürfen sich holen, was Sie brauchen. Als Kind konnten Sie das nicht. Doch nun sind Sie nicht mehr hilflos: Machen Sie sich auf den Weg!

Mantra gegen das Gefühl der Minderwertigkeit

Hier kommen einige Mut-Mach-Tipps, wenn das gefürchtete Gefühl der Minderwertigkeit mal wieder aufsteigt. Wir haben gelernt, dass es aus unserer Kindheit stammt und nichts mit dem Heute zu tun hat. Daher hilft es oft, einen Satz wie „Es ist nur ein Gefühl“ leise vor sich hin zu sagen. Immer denselben Satz. Entweder einmal kraftvoll oder mehrmals nacheinander. Sie werden sehen, dieser Satz ist eine gute Strategie gegen die Verunsicherung. Im Laufe der Zeit wird diese Botschaft in Ihr Unterbewusstsein sinken und zur hilfreichen Stütze werden.

Die meisten von uns kennen Mantras wohl eher aus dem Hinduismus, Buddhismus oder vom Yoga. Man wiederholt ein oder mehrere Worte, spricht, flüstert oder singt sie. Man kann sie auch nur in Gedanken wiederholen. Ziel ist, sich innerlich zur Ruhe zu bringen. Wir neigen oft dazu, uns Sorgen zu machen. Mal übertrieben und mal berechtigt. In solchen Situationen kann man sich einen tröstlichen Satz überlegen und vor sich hin sagen. Wiederholen Sie diese Worte dann immer wieder, bis Sie merken, dass Sie sich allmählich entspannen.

Ich hatte mal einen Skiunfall und habe mir dabei einen komplizierten Armbruch zugezogen. Der Grund war falscher Ehrgeiz und Übermut. Seitdem sage ich mir nicht nur auf der Piste, sondern auch sonst in schwierigen Momenten: „Ich schaff das schon!", um mir selbst Mut zu machen. Ich konzentriere mich dann total auf die aktuelle Situation und atme dabei ganz bewusst. Danach löst sich die Angst in mir und das Vertrauen in meine eigenen Fähigkeiten wächst. Ich bin zuversichtlich, dass ich die Lage in den Griff bekomme. Überlegen Sie einmal, ob Sie vielleicht auch einen Satz für sich finden, der etwas Positives in Ihnen auslöst. Wenn Sie eher ein aufbrausender Typ sind, kann Ihr Mantra lauten: „Gelassen bleiben!" oder wenn Sie oft an sich selbst zweifeln: „Ich bin froh, dass es mich gibt." Es ist wirklich eine Wohltat, sich mit einem

Mantra helfen zu können. Das tut gut und kostet nichts. Probieren Sie's aus!

Tiefes Vergnügen oder Flow

Viele befinden sich auf der Suche nach einem geheimen Schatz. Wir alle haben ihn als Kind besessen und möchten ihn nun gern wiederhaben: Es ist die Fähigkeit, tiefes Vergnügen zu empfinden. Auch Flow genannt. Es ist das, was uns glücklich macht. Flow bezeichnet eine Art der Beschäftigung, bei der man ganz mit der Tätigkeit verschmilzt und alles andere darüber in den Hintergrund tritt. Es ist das Tun selbst, aus dem wir einen großen Lustgewinn ziehen, ohne dass äußere Anreize als Belohnung winken. Das Wort Flow bedeutet, im Fluss sein und letztlich auch Hingabe. Bei diesen seltenen Gelegenheiten spürt man ein Gefühl von Hochstimmung und tiefer Freude, das lange anhält und zu einem Maßstab dafür wird, wie das Leben sein sollte.

Wie oft haben wir als Kinder beim Spielen komplett die Welt um uns herum vergessen? Als Erwachsene fällt es uns heute schwer, unsere Alltagssorgen auszublenden und uns mal wieder hemmungslos einem schönen Moment hinzugeben. Das ist schade, denn wir bringen uns damit um viele Glücksmomente. Wenn wir erwachsen sind, können das sogar geistige, oder körperlich anstrengende Unternehmungen sein.

Leider haben wir als Erwachsene vielfach die Offenheit und Spontaneität verloren, die Voraussetzung für diesen intensiven Genuss sind. Versuchen Sie doch bei der nächsten Gelegenheit mal, einem Flow-Gefühl Raum zu geben, zum Beispiel beim Tanzen, Singen, Lesen, Saunabesuch, bei der Fuß-Reflexzonen-Massage, beim Blumenpflanzen, Malen, Stricken, Nähen, Tagebuch schreiben, Sex, Spazierengehen mit allen Sinnen.

STÖRFELDER AUSSCHALTEN

Schalten Sie aus, was Sie stört. Befreien Sie sich von unnötigem Ballast. Dazu gehören Selbstzweifel, die Angewohnheit, sich selbst klein zu machen und Schuldgefühle. All das hindert Sie an Ihrem persönlichen Weiterkommen.

Der Mangel an Eigenliebe

In unserer Gesellschaft fehlt vielen Menschen die Eigenschaft, sich selbst zu mögen. Die Mehrheit definiert sich hauptsächlich über Äußerlichkeiten und Konsumgüter. Wer nicht mithalten kann, fühlt sich minderwertig. Doch wer bin ich, wenn ich allein im Regen stehe? Was erfüllt mich? Was macht mir Freude? Viele von uns begehen den Fehler, ständig für andere attraktiv sein zu wollen. Innere Werte werden darüber oft vernachlässigt. Viele Menschen kennen ihre inneren Werte überhaupt nicht. Man kann sich selbst auch mögen, weil man einen guten Humor hat. Weil man liebenswürdig, hilfsbereit, sportlich oder ausdauernd ist.

Sie dürfen sich nicht Ihrer Seelenstärke berauben lassen, indem Sie sich ständig mit anderen vergleichen. **Das Ziel sollte stets bleiben: mit sich selbst im Ein-**

klang zu sein und inneren Frieden zu finden. Natürlich möchten sich die meisten von uns weiterentwickeln. Doch dabei sollten Sie sich nicht zu sehr unter Druck setzen und vor allem das Erreichte nicht aus den Augen verlieren. Wichtig ist, die eigenen Leistungen auch würdigen zu können. Vergessen Sie anerzogene, negative Urteile über sich! Lernen Sie, sich selbst realistisch wahrzunehmen. Dazu gehört auch, sich Fehler selbst eingestehen zu können und flexibel mit Krisen und Kritik umzugehen. So werden Sie zu einem liebevollen und fürsorglichen Umgang mit sich selbst und mit anderen gelangen.

Schlüsselwort Eigensabotage

Schon wieder nicht befördert worden oder der Auftrag, der so gut wie sicher schien, ist geplatzt? Pech gehabt?! Was auf den ersten Blick aussehen mag wie eine Verkettung unglücklicher Umstände, hat oft Methode: Es gibt Menschen, die vermasseln sich immer wieder ihren Erfolg. Woran liegt das? Was sind die Ursachen dieser unbewussten, inneren Blockaden und wie kann können Sie sich davon befreien? Auf den Seiten 39/40 haben Sie das Thema Stolpersteine ja schon kennen gelernt. Sie sind die heimlichen Erfolgskiller, die dafür sorgen, dass wir unsere Ziele nicht erreichen. Auch wenn viele von uns immer wieder äußere Umstände für ihr Versagen verantwortlich machen, beschleicht selbst den größten Verdränger irgendwann einmal der Verdacht, dass es etwas anderes sein könnte, was ihn an der Umsetzung seiner Pläne hindert. Das Schlüsselwort heißt Eigensabotage.

Immer wieder stellen wir uns selbst ein Bein, zögern vor dem entscheidenden Schritt nach vorn. Wir drehen uns ständig im Kreis. Warum? Hier einige Antworten.

- Viele Menschen wollen zu viel auf einmal. Doch jede Entscheidung für einen Weg blockiert einen anderen. Wer zum Beispiel beruflich voll durchstarten will, muss in Kauf nehmen, weniger Freizeit zu haben.

- Es gibt keine konkrete Planung. Man baut mehr auf Glück als auf solide Vorbereitung und lässt sich immer wieder gern von seinen Vorhaben ablenken. Die Verwirklichung von Ideen und den Erfolg überlassen diese Leute weitgehend Zufällen, äußeren Einflüssen und Stimmungsschwankungen. Wer vorankommen will, sollte festlegen, was er in einem Tag, in einer Woche erreichen muss, aber auch wissen, wo er in einem Jahr stehen will. Wichtig ist, dass Sie Ihr Ziel immer vor Augen haben.

- Harmoniestreben und das Gefühl, es allen recht machen zu wollen, hindert Sie daran, Ihre Pläne konsequent umzusetzen. Es gelingt nicht, Schwerpunkte zu setzen und eine klare Linie zu verfolgen: Was will ich? Wie erreiche ich am besten, was ich möchte? Wo muss ich Abstriche machen? Welche Kompromisse bin ich bereit zu akzeptieren, welche nicht? All das gehört zu einer gradlinigen Lebensplanung.

- Angst vor dem Versagen. Wohl einer der Hauptgründe. Dabei machen wir alle Fehler. Niemand ist auf neuem Terrain sofort perfekt. Eigensaboteure fühlen sich allzu großen Erwartungen nicht gewachsen, weil sie sich selbst nur als kleines Licht sehen. Da bringt jemand die besten Voraussetzungen für den Job mit, ist aber bei jedem Vorstellungsgespräch überzeugt: „Das schaffe ich sowieso nicht!" Und er behält Recht, weil er das Vorstellungsgespräch innerlich boykottiert: Er kommt fünf Minuten zu spät, weil er eigentlich gar nicht hin will, und er gibt einsilbige Antworten, weil die Angst so groß ist. Prompt passiert das, was er immer befürchtet hat: Er kriegt den Job nicht! Weil der Risikoscheue von vornherein alles meidet, was er fürchtet, weiß er meist gar nicht genau, wovor er eigentlich Angst hat. Erwartungen nicht zu erfüllen? Kritik einstecken zu müssen? Furcht vor den Erwartungen und dem Neid der anderen? Zum Angeber zu mutieren, wenn er die eigenen Leistungen betont? Angst ist der häufigste Grund für Selbstblockaden. Viele Menschen trauen dem Glück nicht und fürchten, dass es seinen Preis haben könnte. Diese abergläubische Furcht „Freu dich nicht zu früh!" hindert sie daran, den wertvollen Moment des Erfolgs zu genießen. An zweiter Stelle kommen die Sorgen, die wir uns machen. Sorgen entstehen aus der Angst, etwas nicht schaffen zu können. Wer sich ängstigt, blockiert sich selbst. Doch davon sollten Sie sich nicht bremsen lassen. Haben Sie erst einmal herausgefunden, welche

Furcht Sie niederdrückt, können sie diese nach und nach ablegen.

● Menschen mit schwachem Selbstwertgefühl sind fast immer Perfektionisten. Und weil kein Mensch perfekt sein kann, ist das Scheitern vorprogrammiert. Wer zu perfektionistisch ist, gerät unter Termindruck und macht leicht Fehler – gegen die er sich dann meist mit noch größerem Perfektionismus wappnen will. Bis der Betroffene sich allmählich in Nebensächlichkeiten verrennt und die wirklich wichtigen Dinge aus den Augen verliert. Manchmal kann das Scheitern einer Ehe oder die Warnung des Arztes den 150-Prozent-Menschen wachrütteln, und ihm wird klar, dass er sich mit seiner Arbeitsauffassung das Leben kaputt macht. Schließlich ist Perfektionismus nicht mehr sinnvoll, wenn Sie Ihr Pensum nicht mehr schaffen. Betroffene müssen lernen, dass es sich bei bestimmten Arbeiten nicht lohnt, tagelang daran herumzufeilen. Irgendwann ist der Punkt erreicht, da muss es einfach gut genug sein. Punkt. Stecken Sie Ihre Ziele lieber etwas tiefer, das erhöht die Erfolgsquote. Und bei Misserfolgen sollten Sie nicht lange mit sich hadern, sondern sich lieber fragen: Was kann ich daraus lernen?

Vorsicht vor schlechten Gewohnheiten

Gewohnheiten sind prinzipiell nichts Schlechtes. Es gibt Rituale, die sogar sehr gut tun, Orientierung, Ruhe und Entspannung geben, wie die abendliche Runde mit dem Hund, der Plausch mit der Nachbarin, das Feierabendbierchen, der Gutenachtkuss. Hier soll von den schlechten Gewohnheiten die Rede sein, wie viele von uns haben: Rauchen, trinken, zu viel essen. Sie lähmen uns und führen zu immer mehr Konsum. Zum Beispiel, wenn sich ein Mensch mit viel Essen oder Alkohol belohnt. Auch starkes Rauchen zeugt von großer innerer Anspannung. Aber nicht nur der Konsum von Genussmitteln, sondern auch exzessives Fernsehen, Shoppen oder vor dem Computer sitzen schadet uns. Hier ist das richtige Maß verloren gegangen. **Sie können sich im Leben alles Mögliche gönnen, solange die Gewichtung stimmt.** Sich weiter zu entwickeln bedeutet allerdings, die Dinge wirklich noch genießen zu können und sie nicht als Ersatzbefriedigung zu gebrauchen. Es sollte immer die Bereitschaft geben, flexibel zu sein und Platz für Neues zu lassen.

Die Gefahr ist nämlich: Trotz viel Arbeit und dem damit verbundenem Wohlstand handeln Sie sich ein Lebensdefizit ein, wenn Sie es übertreiben. Sie haben zwar Geld und können sich materiell einiges leisten, aber es bleibt kaum Zeit, das Leben wirklich zu genießen. Stellen Sie sich deshalb regelmäßig die Frage: Tue ich wirklich das, was ich mir vorgenommen habe, was ich eigentlich möchte? Oder folge ich nur den Erwartungen der anderen? Statussymbole dienen nämlich nicht der Veränderung, sondern der Demonstration von Erfolg. Sie sollen andere beeindrucken, ja manchmal sogar einschüchtern. Für den dynamischen Prozess von Erfolg sind jedoch Veränderungen nötig, die sich in Ihnen abspielen, die das Potential freisetzen, das in Ihnen selbst steckt. Denn in jedem von uns schlummern viele Möglichkeiten. Es gilt also, möglichst viele unserer Talente zu entdecken. Dazu brauchen Sie Ruhe, Muße und natürlich Mut, um Ihre Fähigkeiten auszuprobieren.

Selbstzweifel besiegen

Gehören Sie auch zu den Leuten, die sich immer selbst schlecht machen? Wenn andere Sie loben, wiegeln Sie ab? Nach dem Motto: „Schön, deine Urlaubsfotos!" – „Ich finde, die meisten sind leicht überbelichtet." Dann stellen Sie zu hohe Ansprüche an sich selbst und nehmen sich damit jeden Spaß am Leben. Warum können Sie die Dinge nicht so nehmen und einfach glücklich sein?

Ursache für ständige Selbstzweifel ist meist eine mangelnde Selbstachtung. Egal, ob der Auslöser die stets fordernden Eltern sind oder schlechte Erfahrungen im Beruf. Auch ein Partner, der uns aus eigener Unzufriedenheit heraus das Gefühl gibt, nicht gut genug zu sein, kann dieses Verhalten auslösen.

So arbeiten Sie an Ihrer Selbstachtung:

- Nehmen Sie sich nie zu viel auf einmal vor. Stellen Sie sich stattdessen kleine, erfüllbare Aufgaben: Heute räume ich meinen Schreibtisch gründlich auf oder ich miste den Kleiderschrank aus. Das Wichtigste daran: Belohnen Sie sich für jeden Erfolg! Das vergessen wir nämlich häufig.

- Versuchen Sie mit Hilfe Ihres besten Freundes oder Ihrer besten Freundin herauszubekommen, was Sie konkret an sich selbst stört. Überlegen Sie gemeinsam, wie sich das ändern lässt. Oft hilft es auch, wenn ein Mensch Ihres Vertrauens mal Ihre Stärken auflistet. Andere erkennen in uns nämlich häufig positive Eigenschaften, die wir selbst gar nicht sehen.

- Suchen Sie sich ein Hobby, aus dem Sie Selbstachtung ziehen können, z. B. Basteln, Singen, Sport. Entscheidend ist, dass Sie möglichst viel Spaß daran haben.

Keine Angst vor Verachtung

Viele Menschen versuchen, ihre quälenden Minderwertigkeitsgefühle vor anderen zu verheimlichen, sie sogar hinter einer Maske beeindruckender Selbstsicherheit zu verbergen, weil sie fürchten, ansonsten nicht respektiert oder sogar verachtet zu werden. Dieses Verbergen kostet jede Menge Energie. Andere Menschen spüren intuitiv, dass etwas mit den Betroffenen nicht stimmt, und gehen deshalb keine tiefere Bindung mit ihnen ein. Hier hilft nur Offenheit. Sich selbst und anderen gegenüber. Betroffene sollten in ihr Innerstes hineinschauen und die tiefe Verwundung nicht länger verleugnen.

Stellen Sie sich vor den Spiegel und schauen Sie sich in die Augen. Und dann sprechen Sie laut aus, was Sie so quält. Zunächst vor sich und später auch vor einem anderen Menschen, dem Sie vertrauen. Das wird Sie jetzt bestimmt erschrecken, weil es genau das ist, was Sie all die Jahre vermieden haben. Doch da wo die Angst sitzt, geht es lang. Das bedeutet: Wenn Sie ein Problem konkret benannt haben, können Sie daran arbeiten. Erst dann kann eine Veränderung eintreten. **In dem Moment, wo Sie Ihr dunkles Geheimnis mit einem anderen Menschen teilen, verliert der Dämon die Macht über Sie.**

Wenn Schuldgefühle drücken

Sicher sind Sie auch schon mal in die Zwickmühle der Schuldgefühle geraten. Manche Menschen machen sich ständig selbst ein schlechtes Gewissen. „Schon wieder Sport geschwänzt!", „Mutter nicht angerufen!" Hören Sie auf damit! Innerliche Schimpftiraden bringen nichts. Sie bewirken nur, dass Sie sich noch mieser fühlen. Verzichten Sie lieber auf vermeintlich „gute" Vorsätze. Nehmen Sie sich stattdessen etwas vor, das Ihnen wirklich Spaß macht und am Herzen liegt. Denn diese Vorsätze hält man ein.

Schuldgefühle können aber auch von außen an uns herangetragen werden: Manchen Leuten können Sie es einfach nicht recht machen, sie nörgeln an allem herum und überhäufen Sie mit Vorwürfen – und Sie kriegen dann auch noch ein schlechtes Gewissen! Meist gelingt es diesen egoistischen Zeitgenossen, ihre Forderungen durchzusetzen, indem sie uns Schuldgefühle vermitteln.

Wer mal nicht bereit ist, dem anderen einen Gefallen zu tun, braucht keine Gewissensbisse zu haben. Sie müssen es dem Fordernden nicht immer recht machen.

Wie befreit man sich aus diesem Teufelskreis?

Manchmal hilft es schon zu wissen, was dahintersteckt: Wer andere mit Schuldgefühlen unter Druck setzt, ist mit sich selbst unzufrieden. Andere müssen dann als Blitzableiter herhalten. Aber das sollten Sie sich nicht gefallen lassen. Es ist ungerecht, seine Mitmenschen für die eigene Unzufriedenheit verantwortlich zu machen. Außerdem vergiftet es die Beziehung: Der Fordernde übt Macht aus und wird immer unleidlicher, der andere fühlt sich schwach und hilflos. Dabei bleibt auf Dauer Respekt und Liebe auf der Strecke. Wer um des lieben Friedens willen ständig nachgibt, wird immer unbedeutender. Wer keine Grenzen setzt, darf sich auch nicht wundern, wenn von der anderen Seite immer mehr verlangt wird. Der Nörgler hat so keine Veranlassung, sein unfaires Verhalten einzustellen. Jeder ist seines Glückes Schmied, heißt es im Volksmund. Das gilt hier ganz besonders. Der Unzufriedene muss etwas in seinem Leben ändern. Diese Aufgabe kann er nicht auf andere abwälzen.

Brave Tochter oder Helfersyndrom

Auf viele Frauen trifft die Bezeichnung brave Tochter zu. Sie engagieren sich nahezu zwanghaft für andere. Sie trösten ihre traurige Freundin, arbeiten im Elternverein, springen für die kranke Kollegin ein und betreuen Vater oder Mutter. Oft wirken diese Frauen nach außen hin unheimlich stark und belastbar. Aber das Gegenteil ist der Fall: Sie sind absolut abhängig von der Bestätigung durch andere. Die Betroffenen fühlen eine große Leere in sich, wenn sie nicht gebraucht werden. Ursache für dieses Helfersyndrom waren meist Probleme im Elternhaus. Diese Kinder haben früh gelernt, Mutter und Vater zu entlasten, indem sie besonders tüchtig waren und sich selbst nicht so wichtig nahmen. Ein solches Verhalten rächt sich später: Die Betroffenen nehmen dann auch ihrem Partner vieles ab, aber dafür erwarten sie eine Gegenleistung. Die erhoffte Wertschätzung und Fürsorge von der anderen Seite bleibt allerdings aus. Schließlich kann kein Partner ihnen das geben, woran es in der Kindheit so sehr gemangelt hat.

Achtung: Damit Sie nicht in der Falle der Schuldgefühle landen, sollten Sie Folgendes beachten: Wer alles tut, um den Querulanten milde zu stimmen, bestärkt ihn nur in seinem Verhalten. Also sich nicht umstimmen lassen, keinen Gefallen tun oder keine Geschenke mitbringen, nur um „gut Wetter zu machen"! Lernen Sie, klar nein zu sagen! **Nur wer gelernt hat, für sich selbst zu sorgen, kann auch für andere sorgen!**

Nicht zu nett sein!

Was passiert, wenn man zu entgegenkommend ist, haben Sie ja schon gelesen. Wahrscheinlich kennen Sie auch jemanden, der furchtbar nett ist, sich für andere aufopfert, aber wenn's drauf ankommt, vergessen wird: bei Einladungen, bei Geschenken, bei spontanen Zusammenkünften. Woran liegt das? Wer zu devot ist und alles tut, um sich bei anderen lieb Kind zu machen, erntet trotz aller Anstrengung keinen Respekt. Im Gegenteil, seine Hilfe wird als Selbstverständlichkeit hingenommen, weil andere schnell registrieren: Der hat's nötig!

Damit Ihnen das nicht passiert, sollten Sie einige Punkte beachten: In manchen Situationen ist es wichtig, seine vornehme Erziehung zu vergessen. Besonders wer beruflich weiterkommen will, sollte klar Position beziehen. Vor allem Frauen tappen gern in die Höflichkeits-Falle.

Wer anderen gern einen Gefallen tut, wird leicht ausgenutzt und erntet wenig Respekt.

Nicht selten verkauft sich eine patente Frau weit unter Wert.

KEINE ÜBERTRIEBENE DANKBARKEIT

Einige selbstwertschwache Menschen glauben dennoch, dem anderen jede Unterstützung vergelten zu müssen und geraten so in eine Spirale der Wiedergutmachung. Sie nehmen anschließend zum Beispiel ständige Besuche hin, weil der andere ihnen ja schließlich mal einen Gefallen getan hat. Vorsicht: Falsch verstandene Dankbarkeit kann zu Frustration und Aggression führen. Auch bei professionellen Serviceleistungen ist übertriebene Dankbarkeit oder ein zu üppiges Trinkgeld fehl am Platz.

Männer interpretieren typische weibliche Verhaltensmuster, wie ausgesprochene Freundlichkeit und Bescheidenheit häufig immer noch als Schwäche oder Unsicherheit. Frauen bedanken und entschuldigen sich oft aus reiner Höflichkeit – auch für Selbstverständlichkeiten wie die Einladung zu einer Konferenz, an der sie teilnehmen müssen. In großen Gesprächsrunden leiten sie ihren Kommentar oft mit Unsicherheitsfloskeln ein, wie „Ich bin mir nicht sicher, aber könnte es nicht sein, dass ..." Sie sprechen leise und undeutlich. Männer verkaufen ihren Standpunkt dagegen meist selbstbewusst als Wahrheit. Denn was wirklich über Auf- oder Abstieg entscheidet, ist nicht nur, was bei einer Arbeit herauskommt, sondern auch, wie man das Ergebnis präsentiert. Klappern gehört nun mal zum Handwerk, und da können Frauen (oder zurückhaltende Männer) von erfolgreichen Vorgesetzten einiges lernen.

Wer selbst sehr hilfsbereit ist, scheut sich häufig, Hilfe von anderen anzunehmen. Ihr Engagement in allen Ehren, aber niemand kommt auf Dauer ohne die Unterstützung anderer aus. **Sie müssen nicht immer alles allein stemmen! Nehmen Sie angebotene Hilfe also ruhig an.** Klären Sie jedoch vorher die Bedingungen, zu denen etwas zu geschehen hat. Damit nicht irgendwelche Dankesschulden angehäuft werden. Übrigens: Nicht jeder erwartet eine Gegenleistung.

Nein sagen lernen

Es ist nur ein kleines Wort – und dennoch fällt es vielen von uns unendlich schwer, es auszusprechen: NEIN! Wie oft liegt es uns auf der Zunge: Bis hierher und nicht weiter! Die Gründe, warum wir uns häufig breitschlagen lassen und zustimmen, obwohl wir eigentlich ablehnen wollen, sind vielfältig: Sie möchten dem anderen keine Bitte abschlagen, keine Gefälligkeit verweigern, sich nicht unbeliebt machen, andere nicht vor den Kopf stoßen. Pflichtgefühl, Verantwortungsbewusstsein und anerzogene Höflichkeit halten Sie davon ab.

Was im Privatleben noch funktionieren mag – schließlich können Sie sich Freunde und Partner aussuchen, und die nehmen auf solche Ängste oftmals Rücksicht – funktioniert im Berufsleben jedoch nicht mehr. Kollegen und Mitarbeiter sucht man nicht, die findet man vor. Deshalb ist der Arbeitsalltag nie frei von Widersprüchen, Konflikten und Reibereien. Hier kommen Sie mit Nettigkeit nicht weiter. Wer Konflikte ständig unterdrückt, schafft höchstens einen äußeren Scheinfrieden und muss sich dabei selbst verleugnen. Das Resultat: Entweder Ihnen wird zu viel Arbeit aufgebürdet oder die anderen misstrauen Ihnen, weil sie die Lage nicht richtig einschätzen können. Schließlich bezieht der Betroffene nie eindeutig Stellung. Daher ist es wichtig, nein sagen zu können, sonst tanzen uns die anderen auf der Nase herum, und wir sind frustriert, weil es ihnen so oft gelingt, über uns zu verfügen.

Konflikte sind natürlich

Wer sich nicht wehren kann oder will, hat das Nachsehen. Im Zusammenleben mit anderen Menschen prallen meist ganz unterschiedliche Wünsche und Interessen aufeinander. Meinungsverschiedenheiten sind da ganz normal. Nur wenn sie ausgetragen werden, kann eine harmonische Grundstimmung entstehen: die Suche nach dem gemeinsamen Nenner, nach Lösungen, die allen – mehr oder weniger – gerecht werden. Menschen, die Auseinandersetzungen um jeden Preis vermeiden, haben nie erfahren, dass Konflikte etwas ganz Natürliches sind und dass ihre

Bewältigung auch persönliches Wachstum bedeuten kann. Außerdem sind saubere Grenzziehungen viel einfacher zu verstehen. Offen und ehrlich nein zu sagen, ist eine Kunst, die man lernen kann. Üben Sie es einfach bei Ihrem nächsten Besuch im Supermarkt: Will sich jemand an der Kasse vordrängeln und sagt: „Ich hab ja nur zwei Teile", so erwidern Sie freundlich lächelnd: „Nein, heute nicht." Damit sind Sie schon einen Schritt vorangekommen auf dem Weg der Selbstbehauptung. Lassen Sie sich auch von Ihrer Freundin nicht länger als Mülleimer für Liebeskummer missbrauchen. Sagen Sie ihr ehrlich, wenn Sie im Moment keine Zeit oder Lust dazu haben. Zum Beispiel so: „Nimm's mir nicht übel, aber ich hatte heute einen super anstrengenden Tag und möchte nur auf dem Sofa entspannen. Ich rufe dich morgen früh zurück. Dann kannst du mir alles in Ruhe erzählen." Auf diese Weise weiß ihre Freundin, dass Ihnen ihr Kummer nicht egal ist, Sie aber im Augenblick zu erschöpft sind, um ihr wirklich zuzuhören.

In Schranken weisen

Vielen fällt es besonders schwer, übereifrige Verkäufer in ihre Schranken zu weisen. Bestimmt haben Sie sich in einer Boutique oder in einem Fachgeschäft schon mal etwas aufschwatzen lassen, was überhaupt nicht zu Ihrem Stil passt. Eine grellbunte Jacke oder ein ausgefallenes Paar Schuhe? Manchmal scheint es einfacher, ja zu sagen, als über nein zu diskutieren. Vielen Menschen ist es unangenehm, wenn sie lange und intensiv beraten wurden, das Geschäft ohne einen Artikel zu verlassen. Es ist immer das Gleiche: Man fühlt sich bedrängt, genervt und hat bei einem gut geschulten Verkäufer keine Gegenargumente mehr. Und wieder verlässt man den Laden mit vielen Tüten und leerem Portemonnaie. In solchen Fällen ist es besser zu sagen: „Haben Sie vielen Dank für die nette Beratung, ich möchte es mir trotzdem noch einmal überlegen." Oder: „Nein danke, ich habe mir etwas anderes vorgestellt." Wenn Sie freundlich sind, kann der andere nicht böse sein. Schließlich ist es Ihr Geld und Sie sollen später mit der Jacke oder den Schuhen herumlaufen.

Anfangs wird es ungewohnt sein, häufiger einfach mal nein zu sagen. Man wird Ihnen das zunächst auch übel nehmen. Doch jede Auseinandersetzung, auf die Sie sich einlassen, macht neuen Mut, auch im Beruf Konflikte zu wagen. Schließlich werden Sie erkennen: Ich muss nicht von allen gemocht werden, aber jetzt respektieren mich wenigstens alle. Hier noch einmal drei Punkte, die Ihnen die Entscheidung, nein zu sagen, erleichtern können:

- Versuchen Sie, die Forderungen und Bitten der anderen richtig einzuordnen – will man Sie ausnutzen, oder braucht jemand wirklich Ihre Hilfe?
- Überlegen Sie genau, warum Sie zugestimmt haben, obwohl Sie lieber abgelehnt hätten. Wenn es Ihnen egal ist und Sie sich auch nicht bedrängt oder eingeengt fühlen, sagen Sie ruhig ja. Wenn Sie sich plötzlich wie ein Märtyrer vorkommen, wird es höchste Zeit, einmal nein zu sagen.

- Begründen Sie Ihre Absage ohne Schuldzuweisungen und ohne den anderen zu verletzen. Dann haben Sie für beide Seiten faire Grenzen gesetzt, die den Umgang miteinander erleichtern.

Duo Infernale: Innerer Kritiker und innerer Schweinehund

Dass wir selbst mit uns viel strenger ins Gericht gehen als mit anderen Menschen, haben Sie schon erfahren. Doch

woher kommt diese Strenge? In jedem von uns gibt es eine moralische Instanz, einen so genannten kleinen Mann im Ohr oder auch inneren Kritiker, der uns ständig Vorschriften macht. Psychoanalyse-Vater Sigmund Freud nannte ihn das Über-Ich. Es macht uns ein schlechtes Gewissen, droht mit dem moralischen Zeigefinger und erinnert uns an die Werte und Normen unserer Erziehung. Der innere Kritiker kann uns das Leben manchmal ganz schön schwer machen. Urplötzlich taucht er als Spielverderber auf und verbietet uns Dinge, die gerade viel Spaß machen. Dabei

Je mehr Arbeit wir uns aufgebürdet haben, desto größer wird der innere Schweinehund.

sind seine moralischen Ansprüche sehr hoch – genauso wie die von Menschen mit geringem Selbstvertrauen. Doch ihn mit Schimpf und Schande davonzujagen, wäre falsch. Schließlich ist er es auch, der uns zu Höchstleistungen antreibt. Der lästige Kerl sollte nur ab und zu mal in Urlaub geschickt werden! Sonst leiden wir zu sehr unter seinen hohen Ansprüchen, denen wir nur selten gerecht werden. Und das schmälert unser Selbstwertgefühl.

Sein Gegenspieler ist der innere Schweinehund. Dieser faule Kumpan breitet sich genüsslich auf unserem Sofa aus und hält uns mit beiden Armen fest umklammert – meistens, wenn es jede Menge anderes zu tun gibt. Das kennen Sie sicher aus eigener Erfahrung. Das träge Wesen wird immer dann immens kräftig, wenn der innere Kritiker unerreichbar hohe Ansprüche stellt. In solchen Momenten überredet uns der Faulpelz geschickt zum Boykott.

Deshalb sollten Sie ihn gut im Auge behalten. Besonders wenn jemand nicht viel von sich hält, aber gleichzeitig hohe Ansprüche hat, wird der innere Schweinehund sehr fordernd. Ununterbrochen flüstert er uns ein: „Ich kann jetzt aber nicht!", „Ich bin müde" oder „Lieber morgen oder übermorgen!". Menschen, die ein ausgeprägtes Phlegma in sich haben, kriegen tatsächlich viel weniger auf die Reihe, als sie eigentlich schaffen könnten. Da hilft nur, den Faulpelzanteil in sich anzuerkennen und ihm einen begrenzten Freiraum einzuräumen. Denn auch der innere Schweinehund hat seine Berechtigung: Er ist für unser Wohlbefinden wichtig. **Müßiggang und Erho-**

lung gehören zu unseren Grundbedürfnissen wie Essen und Trinken. Wer das missachtet, wird unzufrieden und krank. Gönnen Sie sich daher nach anstrengenden Phasen unbedingt Pausen zum Regenerieren und Kräftesammeln. Seien Sie mal bewusst richtig faul – ohne schlechtes Gewissen! Danach können Sie dann wieder voll durchstarten!

Die Stimme des inneren Kritikers wird gerade bei Niederlagen überlaut. Wichtig ist, sie als Automatismus zu registrieren und ihr keinen Glauben zu schenken. Stattdessen heißt es, Fehler und Niederlagen zu erkennen als normale, sogar notwendige Durchgangsstationen zum Ziel. Sie schwächen nicht, sondern trainieren unsere Fähigkeiten.

FRUSTHANDLUNGEN

Kristins Laune ist wieder mal auf dem Nullpunkt: Der Chef hat ihr Überstunden aufgebrummt und auch noch herumgemeckert. Eine kleine Aufmunterung täte nun gut. Normalerweise würde Kristin jetzt haufenweise Schokolade futtern, sich ein Paar Schuhe kaufen oder viel zu viel Espresso trinken. Alles „Frusthandlungen im Affekt", wie Psychologen es nennen. Solche Ersatzbefriedigungen helfen nur für einen kurzen Moment, die Stimmung aufzuhellen. Dagegen hält das schlechte Gefühl, über die Strenge geschlagen zu haben, viel länger an.

Balance halten

Wie schaffen Sie es noch, sich auch nach Niederlagen zu motivieren? Da hilft meist nur Disziplin. Sie ist oft noch wichtiger als Talent oder Engagement. Disziplin steht für Freiheit und Lebensqualität, weil disziplinierte Menschen Aufgaben erledigen, statt sie ewig im Nacken zu haben. Selbst wenn Sie jetzt eine Schlappe verdauen müssen, sollten Sie dranbleiben. Wer sein Ziel verfolgt und letztendlich etwas erreicht hat, ist stolz. Es steigert das Selbstvertrauen. Sie haben erfahren: Was ich mir vornehme, kann gelingen. Das gibt Kraft für andere Projekte. Disziplin bedeutet jedoch nicht, auf alle Annehmlichkeiten zu verzichten.

Es geht darum, Balance zu halten zwischen dem anvisierten Ziel und den persönlichen Belangen. Folgende Strategien helfen, wieder in die Spur zu kommen:

- Sorgen Sie für genügend Freizeit und Entspannung. Legen Sie Pausen ein und lenken Sie sich ab, und sei es durch einfache Gartenarbeit.
- Schauen Sie genau hin und lernen Sie die eigenen Bedürfnisse kennen: Was tut mir jetzt gut? Zum Beispiel ein Spaziergang mit dem Hund. Tiere heitern uns auf, geben uns bedingungslose Zuneigung und Kraft.
- Nehmen Sie sich ernst genug! Gönnen Sie sich täglich eine halbe Stunde Auszeit, in der Sie nur tun, was Sie möchten.
- Vertrauen Sie Ihrer inneren Stimme. Sie ist stärker, unbestechlicher und freundlicher, als Sie glauben.

Geben Sie Ihren ängstlichen Ausreden wie „Ich bin zu alt zum Trommeln" keine Chance. Sagen Sie ja zu sich selbst – bedingungslos!

- Erledigen Sie auch Alltagsverrichtungen gewissenhaft. Das lenkt von Kummer ab, gibt Sinn und neue Energie. Außerdem ist es tausendmal besser, als sich mit Alkohol zu trösten.

- Auch helfen hilft. Kümmern Sie sich um Senioren, Kinder, bedürftige Familien in der Nachbarschaft. Selbstmitleid und das Verharren in der Opferrolle hingegen vergrößert den Schmerz. Gefühle wie Ohnmacht, Hilflosigkeit, Ausgeliefertsein, Trauer und Wehmut nehmen zu. Sie verhindern, dass wir aktiv werden und unsere Lebenssituation verändern. Zudem trennen uns ungute Gefühle von der Wirklichkeit.

- Achten Sie auf Ihre Ernährung. Eine gesunde, vitaminreiche und nahrhafte Kost gibt uns viel Energie. Nehmen Sie Obst mit zur Arbeit, trinken Sie täglich mindestens zwei Liter Wasser. Das verbessert die Konzentration. Wer achtsam mit sich und seinem Körper umgeht, verbessert auch sein Selbstvertrauen.

- Versuchen Sie, zu akzeptieren, was ist. Wenn Sie aufhören zu verleugnen und bereit sind, die Gegenwart so wahrzunehmen, wie sie ist – ohne jedes Drama – dann kommen Sie einen Schritt weiter.

Der wunde Punkt

Jeder von uns wünscht sich, wahrgenommen und geschätzt zu werden. Ist das nicht der Fall, leidet das Selbstwertgefühl darunter. Doch niemand bleibt von Kränkungen verschont. Aber es gibt Menschen, die schneller verletzt reagieren als andere. Der Nachbar erwidert Ihren Gruß nicht? Ein Freund ruft nicht zurück? Ihr Partner hat Ihren Geburtstag vergessen? Wenn Sie nach solchen Erlebnissen sofort beleidigt sind und beschließen: „Mit dem will ich nichts mehr zu tun haben!" oder „Dem werde ich es zeigen", hat das meist nichts mit der aktuellen Situation zu tun. Die Kränkung hat Sie vielmehr an einem „alten", wunden Punkt erwischt. Das ist eine alte, nicht verheilte Verletzung, die in einer bestimmten Situation wieder aufbricht. Ziehen Sie die Gedankenbremse, sobald Sie sich dabei ertappen, über das Verhalten anderer zu grübeln und radikale Maßnahmen ergreifen wollen! Wandeln Sie Ihre Gedanken lieber ins Positive um: Der Nachbar ist wahrscheinlich einfach nur gestresst oder er hatte seine Brille nicht auf. Und der Freund oder Partner ist vielleicht beruflich gerade stark eingespannt.

„Niemand kann deinen Wert bestimmen. Das kannst nur du selbst", pflegt ein befreundeter Psychotherapeut immer zu sagen. Viele Menschen haben nämlich die Neigung, die Meinung über sich selbst von der Aufmerksamkeit und Wertschätzung anderer abhängig zu machen. Doch das schadet nur. Man sollte nicht alles zu persönlich nehmen. Wer negativ über sich denkt, unterstellt dies auch anderen. Stattdessen ist es besser, den früheren Verletzungen auf die Spur zu kommen, um weniger leicht gekränkt zu werden. Verletzlich ist man meist in Bereichen, in denen man nicht genügend Selbstvertrauen aufbauen konnte.

Manchmal waren es Menschen, denen Sie Vertrauen entgegengebracht haben, die Sie aber enttäuscht haben. Eltern, die zum Beispiel wenig Zeit und Aufmerksamkeit hatten. Partner, die Sie ausgenutzt haben. Tritt später im Leben eine ähnliche Situation ein, reagieren die Betroffenen unangemessen heftig. Haben ihre Eltern beispielsweise Versprechen nicht eingehalten, so fühlen sich die Gekränkten auch heute noch zurückgesetzt, wenn jemand ihnen kurzfristig absagt oder eine Vereinbarung nicht zustande kommt.

„Aua-Knopf"

Woran merken Sie, dass der wunde Punkt getroffen ist? Wenn eine Reaktion unangemessen heftig ausfällt. Sie sind zutiefst empört und möchten es dem anderen heimzahlen. Doch Achtung: Diese Rachegelüste verschlimmern die Lage nur noch und sollen von den eigentlichen Gefühlen wie Ohnmacht, Verzweiflung und Schmerz, welche die Kränkung ausgelöst haben, ablenken. Wer das durchschaut, hat schon einen wichtigen Schritt in Richtung Veränderung gemacht. Wichtig ist also herauszufinden, was in Ihnen selbst vorgeht: Warum fühlen Sie sich so verletzt? Was ist eigentlich passiert? Sie sollten sensibler für solche

Verletzungen werden und erkennen, wodurch sie ausgelöst werden. **Wenn der Zorn in uns hochkocht, ist das ein sicheres Zeichen dafür, dass der „Aua-Knopf" bedient wurde.** Das wird unserem Gegenüber in diesem Moment meist gar nicht bewusst. Deshalb sollten Sie zunächst Ruhe bewahren und nicht sofort blindwütig agieren.

Frustration und Rachegefühl

Es wird im Leben immer wieder Situationen geben, in denen Sie enttäuscht werden. Sie treffen Vereinbarungen, aber sie werden nicht eingehalten. Der Partner trennt sich von Ihnen und Sie glauben, die Welt bricht zusammen. Jemand sagt etwas zu Ihnen, und Sie sind zutiefst verletzt. Jeder kennt das. Wer sich von anderen ungerecht behandelt fühlt, sinnt schon mal auf Rache. Ärger, Kummer, Groll und Schmerz machen sich breit und je heftiger die Gefühle, desto schneller werden wir zu dem kleinen Kind, das wir einmal waren.

Vor allem wenn es um Liebe und Leidenschaft geht, wir uns hintergangen fühlen, schlagen die Emotionen hoch und wir wollen Vergeltung. Wir malen uns genüsslich aus, wie der andere am besten zu bestrafen ist. Allein schon der Gedanke daran ist eine Genugtuung. Den meisten Menschen reicht es bereits, die gemeinsten Rachepläne nur im Geiste durchzuspielen. Allein der Gedanke, dass der andere leiden müsste, stellt das eigene seelische Gleichgewicht wieder her. Dahinter steckt der Wunsch, dem anderen zu zeigen: „Ich bin wer, das kannst du mit mir nicht machen!" Lassen Sie Rachegedanken daher ruhig zu und schämen Sie sich nicht dafür. Das reinigt die Seele.

Eine gute Methode, um Rachegedanken loszuwerden, ist, sie aufzuschreiben und anschließend zu verbrennen. Sie können sich auch mit Ihrer besten Freundin oder Ihrem besten Freund treffen und mal gehörig über den Ex-Partner schimpfen. Das befreit ebenfalls.

Generell sollten Sie in Ereignisse oder Menschen, die Sie emotional verletzt haben, keine Energie mehr stecken, sonst hört der Kampf nie auf. Rache lohnt sich nicht. Sie hält die Kränkung länger aufrecht. Mit Gelassenheit finden Sie eher Ihren inneren Frieden wieder. Sie müssen diejenigen, die Sie verletzt haben, nicht bestrafen. Selbst wenn das oft der erste (noch so berechtigte) Impuls ist. Das Leben straft meist von ganz allein. Bedenken Sie: Was wir aussenden, kehrt letztlich zu uns zurück. Gutes zieht Gutes an. Wenn wir uns korrekt verhalten und damit unseren eigenen Wertvorstellungen entsprechen, fühlen wir uns wohl. Unsere Selbstachtung steigt, und auch andere zollen uns Respekt. Tun wir hingegen etwas, was unseren Überzeugungen widerspricht, spüren wir das. Wer Unrechtes tut, zieht unangenehme Gefühle an, isoliert sich und schämt sich vor sich selbst. Tun Sie sich das nicht an!

Persönlichen Kontakt suchen

Wurden Sie enttäuscht, brechen Sie einfach ohne Begründung den Kontakt ab. Denn: Keine Energie auf Rache zu verwenden, kann auch eine Form von Rache sein.

Anders verhält es sich jedoch, wenn uns eine nahe stehende Person tief verletzt hat. So verständlich ein Kontaktabbruch dann scheint, wir werden diese Person dadurch meist nicht los. In Gedanken spielen wir die kränkende Situation immer wieder durch und dabei kehren auch jedes Mal die unangenehmen Gefühle zurück. Was also tun? Machen Sie genau das Gegenteil: Suchen Sie Kontakt zu dem Menschen, der Sie so verletzt hat, und sprechen Sie das Thema an. Dazu müssen Sie Ihren Stolz überwinden. Das ist nicht leicht. Doch es lohnt sich: Auf diese Weise haben Sie die Chance, sich selbst und den anderen zu verstehen. So können Sie überprüfen, ob die eigene Sicht der Dinge von dem anderen geteilt wird oder nicht. Und danach gelingt es Ihnen bestimmt besser, die Sache endlich ad acta zu legen.

Wer den persönlichen Kontakt scheut, kann sich den Kränkenden auch nur vorstellen und ihm in einem imaginären Gespräch berichten, wie es ihm geht. Oder man schreibt dem anderen einen Brief, der nicht abgeschickt wird. Menschen, die Kränkungen nicht verzeihen wollen, leben damit eine vermeintliche Überlegenheit aus: Sie bleiben gekränkt, lehnen jede Entschuldigung und jedes Gesprächsangebot ab, um dem anderen zu suggerieren „Du bist schuld!". Dieser soll ein schlechtes Gewissen bekommen. Dass die Beziehung dabei zerstört wird, nimmt der Gekränkte in Kauf. Hauptsache, er muss sich nicht ändern und kann die Verantwortung an der Situation auf den anderen abschieben.

Ärger und Wut bezwingen

Und noch etwas gibt es, das wir regelmäßig bewältigen müssen: Ärger und Wut. Auch hier gibt es einige Strategien, damit Sie beim nächsten Mal nicht wieder in die Luft gehen müssen wie das bekannte HB-Männchen. Folgende Situation kommt Ihnen bestimmt vertraut vor: Jemand schnappt Ihnen vor der Nase den Parkplatz weg, auf den Sie schon die ganze Zeit blinkend gewartet haben. Oder an der Wursttheke im Supermarkt drängelt sich jemand vor. Ärger lauert überall. Jeder kennt das Gefühl, wenn Ärger sich plötzlich in Wut verwandelt: Innerhalb von Sekundenbruchteilen rast der Puls und der Blutdruck steigt. Wir sind im Nu auf 180! Wer sich persönlich gekränkt und missachtet fühlt, reagiert darauf mit Zorn. Überall, wo Menschen zusammenleben, gibt es Normen und Regeln. Werden diese verletzt, handelt man sich meist Ärger ein – im öffentlichen Leben, in der Partnerschaft, im Beruf.

Ein reinigendes Gewitter

Natürlich sollten Sie nicht immer zum Rumpelstilzchen werden, wenn es Anlass zu Streit gibt. Andererseits dürfen Sie sich aber auch nicht alles gefallen lassen. Denn Wut kann wichtige Klärungsprozesse in Gang bringen. Im Eifer des Gefechts sagen wir dann manchmal Dinge, die uns sonst nie über die Lippen kämen, aber schon lange in uns brodeln. Und das kann heilsam sein. Wenn der Chef schon wieder Überstunden von Ihnen verlangt, sollten Sie ruhig mal laut protestieren. Wahrscheinlich wird Ihrem Chef auf diese Weise bewusst, dass er gern den Weg des geringsten Widerstands geht und meist Sie um Überstunden bittet, weil Sie so schlecht nein sagen können. **Eine eindeutige Ansage oder ein „reinigendes Gewitter" kann für Klärung sorgen.** Aber achten Sie darauf, Ihre Reaktionen der Situation anzupassen und die Gefühle des anderen nicht zu verletzen! Manchmal sind wir nur darauf aus, den anderen zu besiegen, wenn uns spontan der Kragen platzt. Zu einer Besserung führt so etwas allerdings nur selten. Wichtig ist, den Partner / Chef nicht unvermittelt anzugreifen und dabei die große Abrechnung zu machen.

Konzentrieren Sie sich lieber auf einen Punkt, der Sie wirklich stört, und beschreiben Sie dabei Ihre Gefühle („Ich fühle mich übergangen, wenn du beim Nachhausekommen als erstes deinen Freund anrufst", anstatt „Ich bin dir egal, deine Freunde sind dir viel wichtiger."), vermeiden Sie Unterstellungen und Verallgemeinerungen wie „Immer denkst du nur an dich!" Wenn Sie Ihrem Partner die Möglichkeit geben, Ihre Gefühle zu verstehen, ist die Chance, dass er sein Verhalten ändert, wesentlich größer.

Frust und Jähzorn machen krank

Ständig Frust und Ärger in sich hineinzufressen, macht krank. Manche Menschen gestehen sich nämlich gar nicht zu, auch mal sauer sein zu dürfen. Das führt meist zu Muskelverspannungen oder Magenbeschwerden. Jähzorn kann jedoch genauso schädlich sein. Nicht nur das Herz-Kreislauf-System und die inneren Organe leiden, auch das soziale Umfeld zieht sich oft zurück. Mit einem Dauer-Querulanten, der versucht, seine Wichtigkeit durch Empörung auszudrücken, möchten die meisten nichts zu tun haben.

Am besten lassen Sie es gar nicht erst zu so einer Gefühlsexplosion kommen. Melden Sie rechtzeitig Protest an, indem Sie sagen: „Das ist jetzt nicht in Ordnung. Ich möchte das nicht." Der Mensch ist nämlich durchaus in der Lage, seine Emotionen zu steuern. „Ich habe mich vor allem über mich selbst geärgert, weil ich in meiner Wut nicht besser reagiert habe", sagte eine Freundin kürzlich zu mir, die in ihrem Zorn ihren Nachbarn schwer beleidigt hatte.

Dabei können Sie lernen, mit einer solchen Situation anders umzugehen: Wenn ein Nachbar zum Beispiel nachts laut Musik hört oder regelmäßig ein „Möbelrücken" veranstaltet, können Sie ihn am nächsten Tag höflich darauf ansprechen und deutlich machen, dass es Sie stört.

Wahrscheinlich ist ihm das nämlich gar nicht bewusst. Das vergessen wir meist, weil wir uns bereits so in unsere Wut hineingesteigert haben. Erst wenn Sie Ihren Nachbarn schon öfter darauf hingewiesen haben, sollten Sie deutlicher werden.

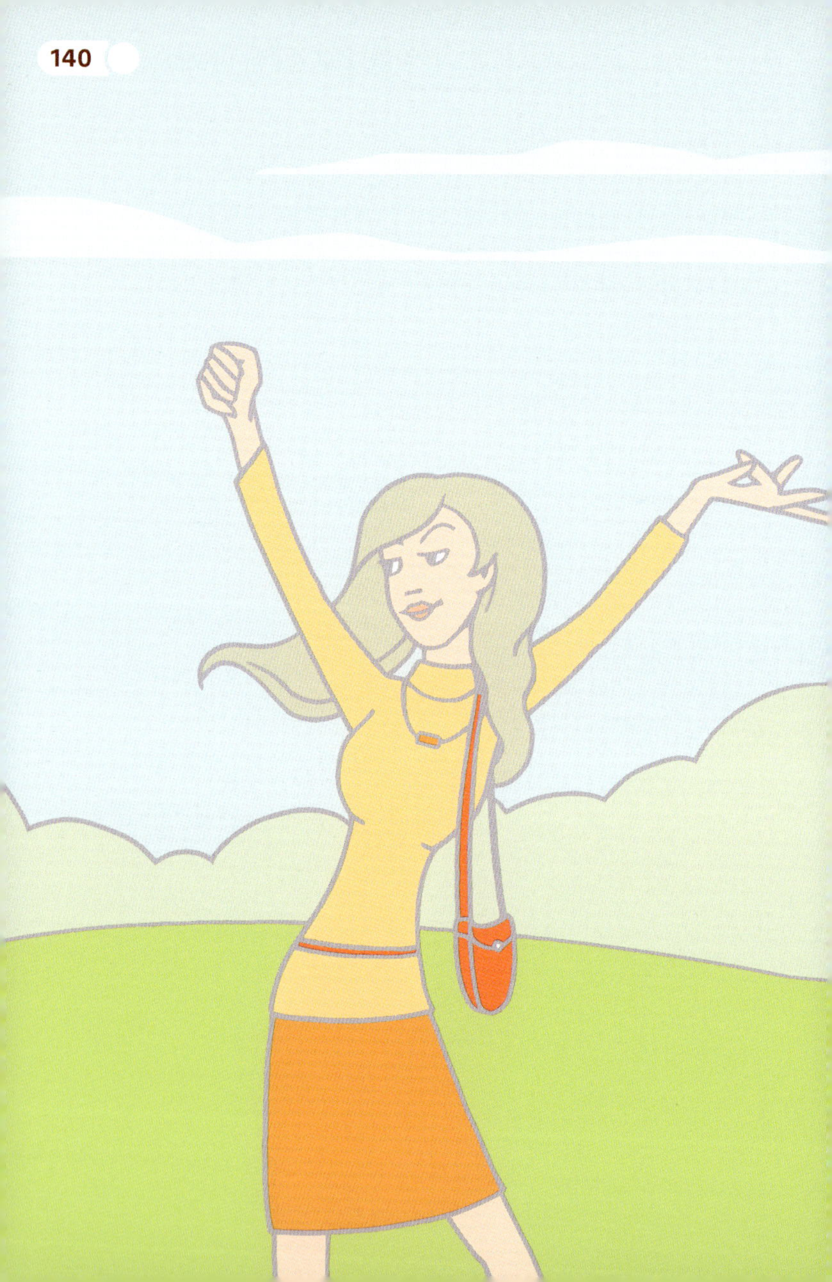

SO BEKOMMEN SIE NEUE ENERGIE

Das Geheimnis erfolgreicher Menschen besteht darin, dass sie sich von Rückschlägen nicht beirren lassen. Niederlagen, die ganz natürlich zum Leben dazu gehören, nehmen diesen Menschen nicht gleich den Mut. Im Gegenteil: Siegertypen gehen schnell wieder zur Tagesordnung über oder schöpfen durch bestimmte Kraftquellen neue Energie.

Mut-Mach-Strategien

Wir alle sind heute zu sehr darauf trainiert, das berühmt-berüchtigte Haar in der Suppe zu finden. Viele positive Dinge, die reibungslos klappen, finden kaum noch Würdigung. Kein Wunder, dass viele von uns schnell mutlos sind. Dabei gibt es einige Strategien, die Ihnen helfen können, wieder mehr Zuversicht zu entwickeln. Überlegen Sie, warum Sie so verzagt sind. Was ist der Grund? Besprechen Sie sich mit einem Menschen Ihres Vertrauens. Der Partner und auch Freunde sehen uns aus einem anderen Blickwinkel und können unsere Selbstzweifel meist zerstreuen. Wenn Sie nur einen schlechten Tag haben, ist das nicht so schlimm. Sie können sich die Decke über den Kopf ziehen und abwarten, bis er vorbei ist. Sie können auch etwas

Leckeres essen. Denn alles Gute, was in den Körper rein-geht, kommt als Energie wieder raus! Weitere Möglich-keiten: an Ihrem Lieblingsparfüm riechen oder Samt und Seide befühlen. Das lenkt sofort ab, weil sinnliche Eindrü-cke unser Gehirn besonders stark beeinflussen. Wer mag, sollte rausgehen in die Natur oder sich mit Freunden tref-fen. Besuchen Sie zum Beispiel gemeinsam eine Sportver-anstaltung. Bei einem Sieg des Vereins jubeln nicht nur die Spieler, sondern auch die Zuschauer. Man freut sich unwillkürlich mit. Oder bereiten Sie einem lieben Men-schen eine Freude. Machen Sie ihm ein kleines Geschenk. Das Glück, das wir schenken, kehrt bekanntlich zu uns selbst zurück.

TÜCHTIG KNUDDELN

Herzlichkeit und Zärtlichkeit kommen in unserem Alltag viel zu kurz. Wussten Sie, dass der Mensch acht Berührun-gen am Tag braucht, um seelisch gesund zu bleiben? Die meisten von uns haben viel weniger Berührungen pro Tag. Anders sieht es in südlichen Ländern aus. Hier sind die Menschen meist temperamentvoller und nicht so distan-ziert. Da wird sich fröhlich auf die Schulter geklopft und umarmt. Der Abstand zueinander ist geringer als bei uns. Das fördert die Gemeinschaft und den Zusammenhalt. Alles Gründe also, Ihre Lieben bei nächster Gelegenheit einmal tüchtig zu knuddeln!

Wenn Ihre Enttäuschung trotz der genannten Möglichkeiten immer noch anhält, ist die Lage etwas schwieriger. Vielleicht haben Sie sich überschätzt und kommen jetzt mit dem Misserfolg nicht klar. Dann sollten Sie Ihre Ziele neu definieren. Etwas zu erreichen, pusht das Selbstwertgefühl. Das Ziel muss Einsatz erfordern, aber realistisch sein. Kleine Teilziele anzupeilen ist sinnvoll. Ist es geschafft, lässt sich das Glücksgefühl mit einer Belohnung steigern.

Richtige Selbsterkenntnis

Sie kommen immer wieder: nagende Gefühle wie Selbstzweifel und fruchtlose Vergleiche mit anderen. Drei Viertel der Deutschen wären laut Umfragen gern selbstsicherer. Die meisten finden sich im Vergleich mit anderen nicht attraktiv genug. Häufig völlig zu unrecht. Ein niedriges Selbstwertgefühl muss überhaupt nicht mit dem übereinstimmen, wie ein Mensch von anderen beurteilt wird. Es kann durchaus sein, dass Freunde, Bekannte und Partner meinen, dass der Betroffene seine Attraktivität ständig unterschätzt. Die würden sagen: „Du hast keinen Grund, dich so schlecht zu bewerten, du siehst gut aus, machst einen prima Job, bist eine tolle Freundin, ein guter Sportskumpel oder ein klasse Vater."

Besonders Frauen machen oft einen großen Fehler, was ihre Erscheinung betrifft: Sie akzeptieren ihre eigene Persönlichkeit nicht, sondern lassen sich ihr Aussehen von den Medien diktieren. Sie vergleichen sich mit Models wie zum Beispiel Heidi Klum – faltenfreies Gesicht, feste Brüste, endlos lange Beine, Wespentaille. Diesen Extrem-Idealen kann die Normal-Frau nicht entsprechen und fühlt sich dadurch minderwertig. Viele Frauen haben auch ein verzerrtes Selbstbild. Und dieses lassen sie sich nur schwer ausreden. Die meisten weiblichen Problemzonen liegen im Kopf, sagen denn auch Psychologen. Die Mehrheit sieht viel besser aus, als sie glaubt. Schließlich hängt es nicht von der Kleidergröße ab, ob Sie anziehend auf andere wirken. Wer unerreichbaren Idealen nacheifert, macht sich nur unnötig das Leben schwer. Auch Schönheit ist kein Garant fürs Glücklichsein. Der amerikanische Forscher Ed Diener stellte z. B. fest, dass hübsche Studentinnen keinesfalls zufriedener sind als unattraktive. Viel wichtiger als das Fremdbild ist das Selbstbild: Frauen, die sich selbst gefallen, sind vitaler, fröhlicher und optimistischer.

Echt und ehrlich sein

Heutzutage gibt es viele Möglichkeiten, sich optisch ins rechte Licht zu rücken. Sich selbst zu mögen, heißt auch, in jeder Situation möglichst echt und ehrlich zu sein. Kein Mensch kann immer ausgeschlafen, schön, gut gelaunt und fit sein. Wer rund um die Uhr diesen Eindruck vermitteln will, macht sich selbst und anderen etwas vor. Stress entsteht vor allem dann, wenn wir anders denken oder fühlen als wir reden. Und damit sind wir nicht mehr bei den Äußerlichkeiten, sondern bei unserem Innenleben, unseren Zweifeln und Ängsten. Die Signale, die wir senden, sollten echt sein. Natürlich wollen wir alle am liebsten das Angenehme, Positive nach außen tragen. Doch wir haben auch dunkle Seiten. Es geht darum, den eigenen Anteil an einer Situation zu erkennen, zu seinen Schwächen zu stehen und dabei ehrlich zu sich selbst zu sein: Wo habe ich geheuchelt? Warum habe ich geschwiegen? Dazu gehört ebenfalls, nicht so zu tun, als sei man die Sanftmut in Person. Wenn Sie sich ärgern: Raus damit! Sie sollten allerdings nicht herumschreien oder beleidigend werden. Doch lassen Sie Ihr Gegenüber ruhig wissen, dass Sie sich ungerecht behandelt fühlen. Wer immer alles schluckt, wird eher krank. Sehen Sie aber andererseits auch Ihre eigenen bösen Seiten. Bosheit und Falschheit sollten Sie hinter sich lassen, wenn Sie Ihren Weg weitergehen wollen.

Es sich gut gehen lassen

Einfach einmal nichts tun und an nichts denken müssen. Ach, wie schön wäre das, werden Sie jetzt denken. Tatsache jedoch ist: Das gelingt nur den wenigsten. Dabei ist es ganz wichtig, sich regelmäßig eine Auszeit zu gönnen und die Seele baumeln zu lassen. **Denn wer öfter pau-**

siert, lebt gesünder, ist glücklicher und kreativer. Am besten fangen Sie bereits am Freitagabend nach Feierabend damit an, abzuschalten und neue Energie zu tanken. Beginnen Sie mit einem kleinen Ritual: Bummeln Sie durch die Stadt, kaufen Sie sich einen Blumenstrauß, der Ihnen das ganze Wochenende Freude bereitet. Verwöhnen Sie sich mit einem Entspannungsbad oder liegen Sie mit Ihrer Kuscheldecke auf dem Sofa und hören Sie Musik – egal, was es ist, genießen Sie es bewusst! So gelingt der Einstieg in zwei schöne, stressfreie Tage. Wenn es Ihnen partout nicht gelingen will, den Büroalltag hinter sich zu lassen, sollten Sie alles aufschreiben, was Sie beschäftigt. Diese Notizen holen Sie dann frühestens am Montagmorgen wieder hervor. Sie werden sehen, nachdem Sie alles notiert haben, tritt Ruhe ein.

Gehen Sie spazieren, atmen Sie die frische Luft, lassen Sie den Blick schweifen. Fokussieren Sie mit den Augen den Horizont und entspannen Sie so den Blick, der sonst meist nur auf zweidimensionale Bildschirme in geringer Entfernung gerichtet ist. Das tut gut und hat einen ungeahnt befreienden Effekt. Machen Sie sich allein auf den Weg. Mal nicht reden und niemandem zuhören zu müssen, kann nämlich sehr erholsam sein.

DRANG NACH BEWEGUNG

In unserer modernen Welt ist Stress ein Dauerbrenner. Aber inmitten der Hektik herrscht Stillstand: Wir bewegen uns zwar rasend, aber eingeschlossen und still sitzend im Auto. Da wächst der Drang nach Bewegung. Nach eigener körperlicher Aktion. Mutigen Sie sich dabei ruhig etwas zu. Wandern Sie oder machen Sie eine ausgedehnte Fahrradtour. Das Ergebnis: Sie spüren sich wieder, gelangen an Grenzen, bringen Körper und Seele in Einklang – und das Selbstvertrauen steigt!

Zeit für Müßiggang

Leben braucht Veränderung. Legen Sie alte Gewohnheiten ab und schaffen Sie neue Rituale! Gönnen Sie sich zum Beispiel einmal im Monat einen ganzen Tag, den dem Sie nur das machen, wozu Sie Lust haben! Es gilt auch, mehr Fröhlichkeit in den Alltag zu bringen. Gehen Sie wieder einmal tanzen. Musik und Bewegung verändern die Stimmung in kürzester Zeit. Wer sich glücklich fühlt, kann andere mitreißen. Davon profitiert auch Ihr Partner und Ihre Familie. Legen Sie sich eine Lieblingstasse zu und trinken Sie mit Genuss daraus. Besorgen Sie sich Ihre Lieblingsnaschereien und legen Sie die Beine hoch. Schauen Sie einen schönen Film oder hören Sie Musik, die Ihnen gefällt. Einfach mal loslassen tut gut, damit es bald mit wenig Anstrengung besser fluppt. Das Zauberwort heißt hier: Focusing. Eine Methode, die bei der Zielfindung hilft. Dabei vertiefen Sie sich zunächst in eine bestimmte Problemstellung und lassen anschließend das Unterbewusste für sich arbeiten: Das geschieht quasi automatisch, indem Sie sich viel Ruhe gönnen und Ihre Gedanken in eine ganz andere Richtung schweifen lässt. Die besten Ideen kommen ja oft, wenn Sie nicht an das Problem denken. Sie können die eigene Kreativität durch Nichtstun ankurbeln. Gerade in wichtigen Entscheidungsphasen sollten Sie sich deshalb Zeit nehmen für den Müßiggang.

Sich selbst nichts krumm nehmen

So streng wie wir mit uns selbst sind, ist sonst niemand mit uns. Lernen Sie, die eigenen Eigenarten und Widersprüche gelassener zu sehen. Sagen Sie sich: Ich mache zwar Fehler, aber ich versuche, daraus zu lernen und daran zu wachsen. Auch wenn es dieses Mal schief gegangen ist – beim nächsten Mal klappt es bestimmt! Lernen Sie, sich so sein zu lassen, wie Sie sind. Bemühen Sie sich, besonders die Verhaltensweisen anzunehmen, die Sie stören. Das ist eine Übung in Achtsamkeit. **Wer sorgsam mit sich umgeht, kann die eigenen Bedürfnisse besser wahrnehmen.** Erst danach können Veränderungen stattfinden. Kein Mensch kann immer nur gut sein. Wer sich dieses Ziel auferlegt, bekommt nur Schuldgefühle. Selbstverständlich sind Sie freundlich und gefühlvoll, aber auch mal launisch, egoistisch, sparsam und neidisch – genauso wie jeder andere Mensch. Stehen Sie dazu und entlasten Sie sich von der selbst auferlegten Bürde der Gutherzigkeit. Sie sind schließlich nicht die Mutter Teresa der Nation. Wenn jemand Sie scharf kritisiert, antworten Sie. „Danke, dass du mich kritisiert hast. Ich werde darüber nachdenken. Aber ich muss mich nicht so verhalten, wie es dir passt!"

Menschen mit geringem Selbstwert neigen dazu, ein negatives Pauschalurteil über sich zu fällen. Das ist sich selbst gegenüber radikal und unfair. Auch wenn Sie selbst das Gefühl haben, mit großen Defiziten leben zu müssen, so können andere Menschen sie ganz anders beurteilen. Was Sie empfinden, muss nichts mit der Realität zu tun haben.

SELBSTBEWUSSTSEIN STÄRKEN

Auf gehässige Kommentare über Ihre Figur entgegnen Sie: „Mach du dir doch keine Sorgen um mein Aussehen." Statt sich immer nur auf die eigenen Schwachstellen zu konzentrieren, sollten Sie lieber mehr auf Ihre Vorzüge achten. Das macht Sie stark gegen dumme Sprüche. Kontern Sie geschickt, wenn jemand versucht, Sie mit „Du kapierst ja sowieso nichts" aus der Reserve zu locken. Antworten Sie: „Wenn du behauptest, ich kann es nicht, dann erkläre mir doch bitte, wie es geht …"

Sorgen Sie für mehr Spaß!

Jeder weiß, zu welch phänomenalen Leistungen man fähig ist, wenn die Arbeit Spaß macht. Keine Mühe und kein Aufwand sind dann zu groß. Selbst Leute, die sonst nur maulen und wenig Gescheites zustande bringen, sind wie ausgewechselt, sobald der Fun-Faktor stimmt. Spaß ist also ein starker Motor. Vor allem ängstliche und zurückhaltende Menschen sollten üben, mehr aus sich herauszukommen. Spielen Sie zum Bespiel mal bei Freunden, die Kleinkinder haben, den Weihnachtsmann oder das Christkind! Oder tanzen Sie ausgelassen in der Disco, albern Sie mit Freunden herum. All das hilft, weniger verkrampft zu sein und Steifheit abzulegen.

Lachen ist Lebensfreude pur. Sorgen Sie also dafür, dass Sie so oft wie möglich lachen können. Wenn mal niemand in Ihrer Nähe ist, können Sie auch lustige Bücher, Comics oder Witze lesen. Schauen Sie sich Komödien an und lachen Sie aus vollem Halse. Gehen Sie ins Kabarett. Lachen Sie öfter über das Leben und vor allem über sich selbst! Das löst Blockaden, innere Verspannungen und hebt die Stimmung. Zudem ist Lachen gesund, weil wir dabei mehr Sauerstoff aufnehmen.

Der heilsame Effekt von Sport

Wir haben gelernt, dass das Leben mit Spaß leichter in den Griff zu bekommen ist. Das Gleiche gilt auch für Sport. An manchen Tagen fühlen wir uns niedergeschlagen, träge und lustlos. Das kommt immer wieder vor. Da kann körperliche Betätigung wahre Wunder wirken. Sie bekommen sofort gute Laune. Zum Glück macht uns unser Körper rechtzeitig darauf aufmerksam, wenn wir seine Bedürfnisse missachten: Wir werden schneller müde, haben Kopf-, Nacken-, Schulter- oder Rückenschmerzen. Auch eine flache Atmung oder verspannte Muskeln sind ein Zeichen dafür, dass wir wieder aktiv werden sollten. Behandeln Sie Ihren Körper wie Ihren besten Freund: Gehen Sie aufmerksam und liebevoll mit ihm um. Lernen Sie, in sich hineinzuhorchen, um entsprechend gegenzusteuern. Gönnen Sie sich mehr Entspannung und sorgen Sie auch für ausreichend Bewegung. Denn körperliche Vitalität verleiht uns ein Gefühl der Stärke. Regelmäßiges Training (Yoga, Radfahren, Schwimmen, Walken oder Joggen etc.) stärkt Körper, Geist und Seele. Außerdem aktiviert es die Selbstheilungskräfte des Körpers. Davon profitieren vor allem Menschen mit Kopfschmerzen, Menstruationsbeschwerden, Rückenproblemen, Asthma, Bluthochdruck und rheumatischen Erkrankungen. Auch wer ständig nervös und chronisch erschöpft ist, kann durch Sport Linderung erfahren.

Trainieren Sie regelmäßig. Das erhöht die Achtsamkeit für den eigenen Körper, stärkt den Muskeltonus und gibt dem Körper mehr Spannung. Sie strahlen Energie und Tatendrang aus. Menschen, die sich regelmäßig sportlich betätigen, haben ein völlig anderes Auftreten. Unmittelbar vor einem entscheidenden Termin sollten Sie deshalb noch einmal Energie tanken. Gehen Sie zum Beispiel ein paar Mal flott den Flur rauf und runter oder nehmen Sie ein paar Treppenstufen. Um den Kreislauf auf Touren zu bringen, können Sie sich auch aufrecht hinstellen, die Armen nach oben strecken und den ganzen Körper dehnen. All das hilft, um anschließend einen vitalen Eindruck zu hinterlassen.

Vom Wert der Freundschaft

Für die meisten Menschen ist ein Leben ohne intensive Freundschaften undenkbar. Ihr Wohlbefinden steigt, wenn sie unter Freunden sind. Gute Freunde sind ein großer Reichtum. In stürmischen Zeiten können sie unser Fels in der Brandung sein. Außerdem stärken sie unser Selbstwertgefühl. Man muss selbst ein guter Freund sein, um ebensolche zu haben. Im Idealfall trifft man auf Seelenverwandte und hilft sich gegenseitig dabei, seine besten Seiten zum Glänzen zu bringen.

Sandkistenfreundschaften, die ein Leben lang halten, gibt es allerdings nur selten. Das liegt an der Mobilität unserer modernen Gesellschaft. Zwischenmenschliche Kontakte bleiben dabei häufig im wahrsten Wortsinn auf der Strecke. Bei einer Umfrage gaben 20 Prozent der Deutschen an, keinen Freund zu haben. Dennoch ist der Wunsch danach ungebrochen. Etwa drei sollte ein Mensch besitzen. Doch Freunde zu finden und Freundschaften zu pflegen, ist gar nicht so einfach. Wahre Freundschaft müssen Sie mit der Lupe suchen. Die Leute vom Lauftreff oder vom Kegelverein gehören nicht dazu. Das sind eher Bekanntschaften oder Kumpel.

Viele von uns bilden Zweckbündnisse oder Job-Netzwerke. Alles Leute, die man kennt und womöglich regelmäßig trifft, aber keine echten Freunde. In unserer egoistischen, schnelllebigen Welt, in der partnerschaftliche und familiäre Bindungen eher brüchig sind, wächst das Bedürfnis nach Konstanten und Vertrauenspersonen. Das macht echte Freundschaft so wertvoll. Wechselt die Lebenssituation, wechselt nicht selten auch der Freundeskreis. Mit den Jahren aber bildet sich ein „harter Kern" an Freunden. Ob eine Freundschaft überdauert, hängt hauptsächlich am Selbstwertgefühl. Wird es gegenseitig gestärkt nach dem Motto: „Mit dir fühle ich mich wohl, du unterstützt meine Persönlichkeitsentfaltung" ergibt sich eine Freundschaft von Dauer. Freundschaften, bei denen ein bestimmter Nutzen im Mittelpunkt steht, zerbrechen meist, wenn dieser wegfällt.

Wie können Sie Freunde finden? Überall, wo sich Menschen treffen und miteinander kommunizieren, können

Wer freut sich nicht über schöne Komplimente? Genießen Sie die Aufmerksamkeit und Wertschätzung Ihrer Freunde!

Sie jemanden kennen lernen. Bei Veranstaltungen, in Clubs, auf Kursen und Seminaren, im Urlaub, per E-Mail oder im Internet-Chat oder beim Spaziergang mit dem Hund. Ein Gespräch mit einem bislang unbekannten Menschen kostet zwar Überwindung, doch der Mut wird in den meisten Fällen belohnt. Bereits nach wenigen Sekunden wird klar, ob „die Chemie" stimmt. Bei einem positivem Feedback sollte man versuchen, in Kontakt zu bleiben. **Dabei gilt: Gemeinsame Aktivitäten verbinden mehr als Gespräche.** Besuchen Sie also Ausstellungen, gehen Sie ins Kino, Theater oder Konzert. Auch ein Ausflug oder eine Einladung zum Essen kann man danach vorschlagen. Geben Sie sich sympathisch und offen und signalisieren Sie Interesse. Man sollte sich Zeit nehmen für Menschen, die einem am Herzen liegen. Sie sind wie ein Leuchtturm in dunkler Nacht, der einem Schiffbrüchigen den Weg weist.

▶ **Praktische Übung**

Machen Sie mit Ihren Freunden bei nächster Gelegenheit folgende unterstützende Übung: Jeder bekommt einen kleinen Block mit Haftnotizen und einen Stift ausgehändigt. Nun stellt sich jeweils einer auf einen Stuhl, und die anderen schreiben zwei Minuten lang ehrlich gemeinte, positive Eigenschaften, die sie mit dieser Person verbinden, auf die Zettel. Zum Beispiel: „Du kannst gut zuhören", „sportlich", „interessiert", „lustig", „attraktiv" usw. Anschließend wird der Freund auf dem Stuhl von allen Anwesenden mit den „Lobeshymnen" plakatiert. Auch diese Übung habe ich auf dem Coaching-Seminar mitgemacht, und war hinterher beseelt ob der vielen positiven Eigenschaften, die die anderen Teilnehmer an mir wahrgenommen hatten. Am Ende klebten an meinem ganzen Körper über 30 Haftnotizen und flatterten im Wind. Ein unglaublich erhebendes Gefühl. Lauter kleine Liebeserklärungen. Ich habe sie sorgsam aufbewahrt und hüte sie wie einen Schatz. Denn viele der Eigenschaften hätte ich mir selbst gar nicht zugestanden.

DAS LEBEN UMSTRUKTURIEREN

Wer stets für andere Menschen da ist und es möglichst allen recht machen will, kommt selbst zu kurz. Damit Sie sich selbst nicht überfordern oder weiter falschen Idealen nachlaufen, die Ihnen nicht guttun, müssen Sie lernen, ein Stück weit egoistisch zu werden. Stellen Sie sich in den Mittelpunkt!

Veränderungen einleiten

Sie haben das Gefühl, dass sich in Ihrem Leben nichts mehr bewegt und aufgehört, an Ihre Träume zu glauben? Dann ist es Zeit, über eine Veränderung nachzudenken! Viele Menschen sind unzufrieden mit sich und ihrer Situation, dennoch können sie, wenn man sie fragt, kein klares Ziel definieren, das sie augenblicklich verfolgen. Da heißt es dann z. B.: „Mein Job macht mir keinen Spaß mehr" oder „Eigentlich möchte ich wieder im Süden wohnen!". Das sind recht allgemeine Aussagen. Besser wäre: „Ich möchte im Beruf meine kreativen Fähigkeiten einsetzen" oder „In München habe ich mich immer am wohlsten gefühlt. Ich würde gern wieder dort leben." Wenn auch Sie unzufrieden mit Ihrer Lebenssituation sind, sollten Sie zunächst herausbekommen, welchen Lebensbereich es betrifft. **Nur wer weiß, wo er steht, kann erkennen, wohin er will.** Denn die Klarheit eines Ziels ist von größter Wichtigkeit.

▶ Praktische Übung

Notieren Sie auf einem großen Zettel Ihre Lebensbereiche: Partnerschaft, Familie, Beruf, Wohnung, Hobby, Freizeit, Ihre optische Erscheinung, Freunde. Schreiben Sie dann stichwortartig Ihre Gedanken und Empfindungen zu den einzelnen Punkten auf. So werden Sie schnell sehen, in welchen Bereichen Sie zufrieden sind, und in welchen Sie eine Veränderung anstreben.

Grundvoraussetzung für Erfolg ist, ein festes Ziel vor Augen zu haben, Disziplin (also sich nicht ablenken zu lassen) und an die eigenen Fähigkeiten zu glauben. Wer überzeugt ist: „Ich kann es schaffen!" hat bereits zur Hälfte gewonnen. Leider werden wir im Alltag schnell mutlos. Uns fehlt die Kraft, uns aus einer lieblosen Partnerschaft zu lösen, den unbefriedigenden Job aufzugeben oder den Traum vom eigenen Café zu verwirklichen. Es mangelt je nach Veränderungswunsch an Biss, klaren Vorstellungen oder schlicht am Kapital. Sollte man seine Pläne also besser ad acta legen? Keinesfalls! Im Gegenteil: Sehnsüchte nach dem Motto „Ich will mehr" können viel Schubkraft freisetzen – wenn wir lernen, sie zu nutzen.

Traumvorstellungen

Unsere Traumvorstellungen zeigen uns, was wir wirklich wollen. So setzen Sie diese in die Tat um:

- Gestehen Sie sich ein, dass Sie etwas in Ihrem Leben verändern möchten. Benennen Sie diese Dinge klar. Ausreden und falsche Bescheidenheit gelten nicht. Oft scheitern Wünsche nämlich auch daran, dass wir glauben, die Umsetzung nicht verdient zu haben. Viele von uns werden als Kinder stets ermahnt, nicht zu unverschämt und zu fordernd zu sein. Also versagen wir uns auch als Erwachsene viele Dinge, die wir uns eigentlich ersehnen.

- Leiten Sie erste Schritte ein. Dazu gehört eine gründliche Recherche: Wie kann ich diese Veränderung angehen? Halten Sie zum Beispiel nach geeigneten Räumen für ein Café Ausschau und machen vorweg einen Finanzierungsplan. Dass man unmittelbar vor dem entscheidenden Termin Bammel kriegt, ist ganz normal. Davon dürfen Sie sich nicht abhalten lassen.

- Warten Sie lieber, bis Sie die Muse küsst oder Sie einen besonders hohen Motivationsschub haben? Das ist falsch! Hirnforscher haben nämlich herausgefunden, dass oft erst das Handeln und dann die Motivation kommt. Wenn Sie also keine Lust zu etwas haben, fangen Sie trotzdem damit an. Sie werden sehen, wenn Sie erst dabei sind, kommt die Motivation von ganz allein.

- Bürden Sie sich am Anfang nicht allzu viel auf. Jeder Weg beginnt mit dem ersten Schritt. Und das Tempo muss wohldosiert sein, sonst riskieren Sie vorzeitige Rückschläge, wenn Sie zu viel auf einmal möchten.

- Ohne Disziplin geht gar nichts. Da können Sie Talent haben, so viel Sie wollen. Vor allem, wenn die erste Durststrecke kommt, heißt es: dranbleiben! Wenn Ihr Ziel erstrebenswert ist und das Tempo stimmt, haben Sie einen Grund, weiterzumachen.

Schwierige Entscheidungen treffen

Sind die Veränderungen beschlossene Sache, sollten Sie in Aktion treten. Doch wir alle kennen das: Bevor wir richtig loslegen, beschleichen uns letzte Zweifel. Sie können sich nicht durchringen, wenden alle Argumente tausendmal hin und her. Kein Wunder, denn sich für oder gegen etwas zu entscheiden, gehört zu den schwierigsten Aufgaben im Leben. Vor allem große Entscheidungen wie ein Neustart zum Beispiel sind selten nur mit Glück und Gewinn, sondern fast immer auch mit Verlust und Leid verbunden. Man braucht Kraft und Durchhaltevermögen. Beides fehlt oft, weil die vielen kleinen alltäglichen Entscheidungen uns bereits viel Energie abzapfen. Dazu kommt: Große Entscheidungen sind meist eine einsame Angelegenheit, und der Mensch mag es lieber behaglich, in der Gemeinschaft von Beziehung, Familie oder Kollegen. Die nicht vorhersehbaren, gewaltigen Folgen, die eine einzige Entscheidung auslösen können, sind es, die Angst machen.

Letztendlich gibt es keine Garantie, dass danach wirklich alles besser wird.

Keine Angst vor Fehlentscheidungen

Manche Menschen wägen zu lange ab, um bloß keinen Fehler zu machen. Auch das kann sehr quälerisch sein. Die Folge sind eine starke Angespanntheit und schlaflose Nächte. Machen Sie sich bewusst: Eine zu lange hinausgezögerte Entscheidung kostet viel mehr Kraft als eine falsche. Schließlich bietet jeder neue Morgen eine neue Chance. Also keine Angst vor Fehlentscheidungen! Fast alles lässt sich rückgängig

Viele Menschen tun sich mit Entscheidungen schwer, weil sie negative Konsequenzen fürchten.

machen. Doch das nutzen nur die wenigsten. Häufig geht die Entscheidungsschwäche auf Erfahrungen im Elternhaus zurück. Ein dominanter Vater oder eine Mutter, die stets bestimmt hat, was zu tun ist, rauben einem Kind die Entscheidungskraft. Auch mangelnde Unterstützung bei Misserfolgen („Ich hab dir doch gleich gesagt, dass das nicht klappt!") kann Heranwachsenden den Wagemut austreiben. Aber Unentschlossene verpassen Chancen. Damit Ihnen das in Zukunft nicht mehr passiert, hier ein paar Vorschläge.

▶ **Praktische Übungen**

● Gedankenübung: Stellen Sie sich vor, Sie sind 60 Jahre alt, zufrieden, und blicken auf den heutigen Zeitpunkt Ihres Lebens zurück. Fragen Sie sich, warum Sie dieses oder jenes nicht einfach gemacht haben. Sie werden spüren: Viele Ihrer aktuellen Argumente erscheinen Ihnen aus dieser Sicht unerheblich. Sie können die Situation ein wenig mit der Angst vor dem ersten Schultag vergleichen. Jeder Erwachsene weiß heute: Es war notwendig, diese Angst zu überwinden und weiter zu gehen. Schließlich ist jede Herausforderung gut für das innere Gleichgewicht und macht das Leben spannender – selbst wenn es zunächst viel komplizierter erscheint.

● Pro-und-Kontra-Liste: Wenn Sie sich mit einem Entschluss herumquälen, gibt es folgende Möglichkeiten, Ihnen die Entscheidung zu erleichtern: Oft hilft es, sich in Ruhe hinzusetzen und auf einem Blatt Papier in zwei Spalten das Pro und Kontra einer Situation zu notieren. Bemühen Sie sich dabei um Sachlichkeit und Ehrlichkeit. Meist wird dann schnell deutlich, welche Seite überwiegt und wohin die Entscheidung tendiert.

Der Bauch denkt mit

Bei manchen Problemen hilft aber eine Pro- und Kontra-Liste nicht weiter. Das Dilemma kennt jeder: Sie müssen eine Entscheidung treffen und geraten ins Grübeln, ob Sie den Job kündigen, den Partner verlassen oder die Wohnung wechseln sollen. Der Verstand diktiert eine Antwort, aber warum bereitet uns diese Lösung „Bauchschmerzen"? Sie spüren intuitiv: „Wenn ich mich nach diesem Ergebnis richte, entscheide ich mich falsch." Was sich da so vehement bemerkbar macht, ist Ihr Unterbewusstsein, Ihre innere Stimme, auch Bauchhirn genannt. Wissenschaftler haben bewiesen, dass unser „Bauchgefühl" größeren Einfluss auf unser Handeln hat, als wir bislang geglaubt haben: Es ist zu 90 Prozent an unseren Entscheidungen beteiligt. Hier sind alle Erinnerungen, Gefühle, Erfahrungen und Wünsche gespeichert. Dieses Bauchhirn ist der Ratio sogar überlegen, wenn es sich um eine komplexe Angelegenheit handelt. **Unsere innere Stimme ist also ein persönliches Warnsystem, das nicht überhört werden sollte.**

Jeder von uns trifft täglich etliche Entscheidungen. Jede davon hat Konsequenzen, größere und kleinere. Positive Konsequenzen führen zu positiven Gefühlen wie Freude oder Stolz, während negative Konsequenzen zu negativen Gefühlen wie Ärger oder Scham führen. Wir lernen demnach ständig. Aber dieser Lernprozess ist uns nicht bewusst. Das Gelernte steht dann bei passender Gelegenheit wie aus heiterem Himmel zur Verfügung. Gefühle sind beim Handeln lebenswichtig, denn sie bewerten laufend die Erfahrungen, die wir machen. Eine gute Erfahrung bedeutet, etwas wieder machen zu können. Eine schlechte Erfahrung heißt vermeiden.

Was lehrt uns das? Wenn Sie bei einer wichtigen Entscheidung „Bauchschmerzen" haben, klaffen Ratio und Intuition
wahrscheinlich zu sehr auseinander. In solchen Fällen lohnt
es sich, sich noch einmal mit dem Bauchgefühl zu beschäftigen. In welchem Punkt Ihrer Entscheidung waren Sie nicht
authentisch? Dazu ein Beispiel: Ein Freund von mir wollte in
seiner Firma mehr Verantwortung übernehmen und ein
kleines Team führen. Doch unmittelbar vor Vertragsunter-
zeichnung kamen ihm Zweifel. Nach einigen schlaflosen
Nächten entschied er sich dagegen. Was war passiert? „Ich
wollte so erfolgreich sein wie meine Freunde und endlich
auch eine leitende Position bekleiden. Dabei habe ich aber
übersehen, dass ich gar nicht der Typ bin, der anderen sagt,
wo's langgeht. Die Verantwortung machte mir Angst. Ich
bin eher der Tüftler und arbeite lieber selbst mit im Team."

Motivationspsychologen haben herausgefunden, dass nur
solche Entscheidungen eine reelle Chance haben, auch in
Handlungen umgesetzt zu werden, die von einem starken,
positiven Gefühl begleitet sind. Sollen wir jetzt unsere Entscheidungen nur noch „aus dem Bauch heraus" treffen?
Mehr auf unsere Gefühle als auf unseren Verstand hören?
Der amerikanische Neuropsychiater Antonio R. Dama-
sio rät davon ab. „Das wäre eine falsche, weil einseitige
Schlussfolgerung. Intuitive Botschaften dürften für normale menschliche Entscheidungsprozesse nicht ausrei-

chen", sagt er. Seiner Meinung nach erleichtert und verbessert das Bauchhirn unsere Beschlüsse, aber es nimmt uns nicht das Denken ab. „Das Unterbewusstsein hilft uns allerdings beim Denken, indem es einige (gefährliche oder günstige) Wahlmöglichkeiten ins rechte Licht rückt. Zwischen Verstand und Intuition, zwischen Bauchgefühl und rationalem Abwägen, besteht also eine enge Partnerschaft."

Intuition kann man trainieren:

- Kein Stress: Fällen Sie komplizierte Entscheidungen nie unter Druck. „Das muss ich überschlafen" ist ein kluger, empfehlenswerter Satz. Denn wenn Sie entspannt sind, kann sich die Intelligenz der Gefühle besser entfalten.

- Tagträumereien hingeben: Sie helfen bei der Entscheidung. Wer sich seiner Wünsche bewusst ist und sich eine Situation in bunten Farben ausmalt, entdeckt oft statt zwei Wegen noch eine dritte Lösungsmöglichkeit.

- Selbstgespräche: Diskutieren Sie die Angelegenheit laut mit sich selbst. Bei dem Für und Wider spüren Sie die jeweiligen Gefühle zu dem Gesagten deutlich und intensiv.

Um die Lösung für ein Problem zu finden, sollte man generell vier Stufen durchlaufen:

- Informationen sammeln. Beschäftigen Sie sich intensiv mit der Aufgabe oder dem Problem und suchen Sie aktiv nach Lösungen. Oft hilft es weiter, einen Bekannten / Freund um Rat zu fragen, wenn er sich mit dem Thema gut auskennt.

- Loslassen. Denken Sie nicht mehr an Ihre schwierige Entscheidung, sondern lenken Sie sich ab. Gehen Sie Ihrem Hobby nach oder schlafen Sie darüber.
- Geistesblitz. Plötzlich weiß man, was zu tun ist. Die Lösung kann nicht erzwungen werden, sondern stellt sich wie eine Erleuchtung von allein ein.
- Überprüfen. Die intuitiv gefundene Lösung sollte unbedingt noch einmal kritisch überprüft werden. Entspricht sie der Realität und dem, was tatsächlich möglich ist?

▶ **Praktische Übung**

Eine andere Übung kann ebenfalls weiterhelfen:

Stellen Sie drei Stühle nebeneinander. Legen Sie dann vor jeden Stuhl ein farbiges Blatt Papier: ein rosafarbenes, ein blaues und ein grünes. Stühle und Papier sind stellvertretend für drei unterschiedliche Positionen bei der Entscheidungsfindung: Träumer (Rosa), Kritiker (Blau), Realist (Grün). Nehmen Sie nun abwechselnd auf jedem der Stühle Platz und versuchen Sie, Ihr Problem aus der entsprechenden Perspektive zu betrachten. Wenn Ihre Frage zum Beispiel lautet: „Soll ich einen Spanischkurs machen?", dann setzen Sie sich zuerst auf den Platz des Träumers. Achten Sie darauf, dass Sie sich von nichts abbringen lassen. Geld, Realität, Stolpersteine spielen in dieser Position keine Rolle. Lassen Sie Ihrer Fantasie freien Lauf! Sprechen Sie Ihren Traum ins Diktiergerät oder schreiben Sie ihn auf. Formulieren Sie dabei so, als wäre er schon wahr, zum Beispiel: „Ich nehme an dem

Spanischkurs teil, kann mich bei meinem nächsten Mallorca-Urlaub prima verständigen und in ein paar Jahren kaufe ich mir eine Finca im Norden der Insel."

Setzen Sie sich danach auf die Position des Kritikers. Kritisieren Sie Ihren Traum, aber nicht Ihre Person. Schreiben Sie auf, was der Kritiker sagt, jedoch ohne zu werten: „Es gibt hier im Ort keinen solchen Kurs. Außerdem fehlt das Geld."

Nun ist der Realist gefordert. Setzen Sie sich vor das grüne Papier und stellen Sie den Traum auf eine realistische Ebene: „Ich könnte nach Münster fahren und mich dort schlau machen. Wahrscheinlich gibt es ein Angebot an der Volkshochschule. Das kann ich mir leisten."

Spielen Sie das Thema durch, bis sich eine Lösung oder ein erster Schritt abzeichnet.

Rein ins Rampenlicht!

Zur seelischen Stabilität gehört, sozial integriert zu sein. Freunde zu treffen, gemeinsam etwas zu unternehmen, eingeladen zu werden – all das ist für die meisten von uns selbstverständlich. Trotzdem beneiden wir Leute, die auf einer Party sofort im Mittelpunkt stehen, die schnell mit anderen ins Gespräch kommen, deren Witz und Charme ansteckend ist. Was ist das Geheimnis der „Publikumsmagneten"? Ich spreche hier nicht von irgendwelchen Party-Ludern oder eitlen Selbstdarstellern, die uns auf die Nerven gehen. Gemeint sind jene Männer und Frauen, die eine besondere Ausstrahlung, ja Charisma haben. Oft bewundern wir sie: Menschen, die problemlos eine Schar von Zuhörern in ihren Bann ziehen. Man selbst sitzt eher in der zweiten Reihe, und stets schwingt ein bisschen Neid mit: Ach, wären wir doch ein wenig mutiger, interessanter und lustiger! Dann hätten die anderen auch mal einen Blick für uns!

Das andere Extrem sind einsame Menschen. Laut einer Umfrage des Allensbach-Instituts bezeichnen sich acht Prozent der Frauen und drei Prozent der Männer in Deutschland als „häufig einsam". Vermutlich sind es sogar noch mehr, weil die meisten nicht zugeben mögen, dass sie das ganze Wochenende allein in der Wohnung verbracht haben. Denn ein spürbarer Abstand zu anderen wird schnell als Makel empfunden. Nicht nur die Betroffenen leiden unter ihrer Isolation, Studien zeigen, dass sichtbare Einsamkeit bei Mitmenschen sogar Ablehnung hervorruft. Kein Wunder also, dass Einzelgänger häufig glauben, nicht liebenswert oder nicht interessant genug zu sein. Daraus ergibt sich ein Teufelskreis: Einsame haben oft Probleme, anderen zu vertrauen und ihnen ihr Interesse offen zu zeigen. Es mangelt auch an Einfühlungsvermögen. Das Ergebnis sind unbefriedigende Kontakte: Weil der Einsame reserviert reagiert, halten sich auch die anderen zurück. Was ihn wiederum in einer Meinung bestätigt, nicht liebenswert sein. Dahinter steckt die frühkindliche Erfahrung, sich nicht auf seine Bezugspersonen verlassen zu können. Aus Angst vor Enttäuschung meidet der Einsame fortan Nähe.

Gegenmaßnahmen ergreifen

Warten Sie nicht, bis andere auf Sie zukommen. Riskieren Sie selbst etwas! Treten Sie zum Beispiel einem Verein bei. Das kann ein Chor sein, eine Sportgruppe, eine Wohltätigkeitsorganisation, ein Schachklub oder Sie belegen einen Kursus an der Volkshochschule. Wichtig ist, dass Ihnen die Tätigkeit liegt. Durch neue Gesichter und regelmäßige Termine haben Sie dann die Chance, Beziehungen aufzubauen und kommen dank des gemeinsamen Interesses leicht ins Gespräch.

Ich habe hier die einsamen Menschen mit ins Boot genommen, weil für sie das Gleiche gilt wie für schüchterne. Leider kann man sich Selbstsicherheit, Charme und Humor nicht anziehen wie eine Jacke. Auch einen Wochenend-Crashkurs gibt es nicht. Aber jeder kann selbst dazu beitragen, für andere attraktiver zu werden: Hören Sie auf, Ihre eigenen Leistungen schlecht zu bewerten und seien Sie nicht so unzufrieden mit sich. **Wer sein Selbstwertgefühl aufpolieren möchte, sollte die Perspektive wechseln und den Blick auf sich selbst ändern.**

Übung macht den Meister: Auch der Smalltalk mit Fremden will geübt werden. Also fassen Sie sich auf der nächsten Party ein Herz und erzählen Sie eine nette Begebenheit, die Ihnen einfällt. Vielleicht haben Sie kürzlich 50 Euro beim Putzen gefunden oder ein Nachbar hat Sie mit einem Geschenk überrascht – kurzum eine kleine, charmante Alltaggeschichte. Nur Mut! Trauen Sie sich einfach, Fremde anzusprechen. Zeigen Sie Interesse, fragen Sie nach und geben Sie auch von sich etwas preis. Sie werden sehen, daraus entwickelt sich schnell eine interessante Unterhaltung.

Kritisieren und kritisiert werden

Viele Menschen wehren sich gegen Kritik mit einem Angriff oder sie schieben die Schuld auf andere. Manche sind sogar beleidigt und sinnen auf Rache. Dabei sollten Sie lieber lernen, positiv auf Kritik zu reagieren und diese als Chance zu sehen. Doch mit Kritik konstruktiv umzugehen, gehört wohl zu den schwierigsten Aufgaben in zwischenmenschlichen Beziehungen. Warum ist das so? Der Schlüssel zu diesem Verhalten liegt wieder einmal in unserer Kindheit. Wem früher das Gefühl vermittelt wurde, nur so viel wert zu sein, wie er leistet, der wird später verletzt reagieren, wenn man ihn tadelt. Die meisten Kinder bekommen etwa Zuneigung und Aufmerksamkeit, wenn sie gute Noten nach Hause bringen. Oder der Lehrer bevorzugt gute Schüler. Wer schlechte Noten schreibt, wird oft mit Liebesentzug bestraft. Das betroffene Kind lernt also früh: „Du erhältst nur dann Anerkennung und Liebe, wenn du etwas gut machst." Deshalb haben viele Menschen nur ein Selbstwertgefühl, wenn sie erfolgreich sind, Dinge gut erledigt haben. Weil in der Erziehung Selbstwertgefühl von Leistung abhängig gemacht wurde, trifft es diese Menschen tief in ihrem Selbstwert, wenn sie Kritik oder Missbilligung von anderen erhalten. Daher reagieren sie selbst auf wohlmeinende Kritik sehr heftig. Dazu kommt noch: Niemand beurteilt uns so hart wie wir selbst. Wenn in einer schwierigen Situation auch noch jemand anders negativ über uns urteilt, fällt unser Selbstwert wie ein Kartenhaus zusammen. Lob setzen viele Menschen mit Anerkennung gleich, Kritik mit Unzulänglichkeit und Ablehnung. Diese unrealistische Einstellung zu Fehlern gilt es aufzulösen. Die Ansicht „Ich bin wenig wert, wenn ich einen Fehler begehe" ist falsch. Je mehr Sie trotzdem von dieser Ansicht überzeugt sind, desto unangenehmer wird Ihnen Kritik sein. Ganz fatal wird es, wenn Sie auch noch die Meinung anderer über sich für wichtiger halten als die eigene. Dann wird die Beurteilung von außen zu einem schmerzlichen Problem.

Aber niemand kommt auf Dauer an Kritik vorbei. Deshalb lohnt es sich, das Thema genauer zu betrachten. Sie selbst können nämlich eine Menge dafür tun, dass Sie in Zukunft angemessen und wesentlich entspannter auf Kritik reagieren. Menschen mit einem guten Selbstwertgefühl gelingt das, weil sie sich nicht grundsätzlich infrage gestellt fühlen, wenn sie auf Fehler hingewiesen werden. Sie trauen sich mehr zu und sind deshalb mutiger. Da sie eher handeln und die Dinge in die Hand nehmen, können sie auch mehr Erfolge verbuchen, als Menschen mit einem schwachen Selbstwertgefühl – was wiederum ihr Selbstvertrauen steigert.

Generell gilt: **Wir kritisieren in der Regel nur jemanden, an dem uns etwas liegt.** Daher erfolgt die häufigste Kritik von Menschen, die uns nahe stehen. Das können der Partner, die Eltern, Freunde oder die eigenen Kinder sein. Sehen Sie es einmal so: Sie sind also so wichtig, dass sich jemand mit Ihnen auseinandersetzt. Das ist schon mal nicht schlecht. Wenn Sie es so betrachten, verraucht vielleicht bereits die größte Wut. Andererseits steckt auch stets ein wenig Neid oder Eigennutz hinter jeder Kritik.

Sie müssen sich in Ihrem Verhalten nicht nach anderen richten. Im Gegenteil: Wer seine Ziele erreichen will, muss sich von der Bestätigung durch andere frei machen. Bedenken Sie: Niemand kann ein erfülltes Leben führen, ohne ab und zu die Missbilligung anderer Menschen auf sich zu ziehen. Diese Feststellung sollte es Ihnen leichter machen, Kritik zu ertragen und sie nicht als Zurückweisung Ihrer Person zu empfinden. Oder wie es der amerikanische Schriftsteller Elbert Hubbard (1856–1915) ausdrückte: „Wer Kritik vermeiden will, sollte nichts tun, nichts sagen und nichts sein."

Die Kritik anderer Menschen kann aber auch durchaus ein wertvoller Beitrag sein. So kann ein Freund, der uns auf eine Informationslücke hinweist, manchmal größeren Schaden vermeiden helfen, bevor man vehement in eine Diskussion einsteigt, die hinterher peinlich werden könnte. Es kommt also immer darauf an, wie die Lage ist.

Im Beruf sieht es wieder anders aus: Wer hier kritikfähig ist, zeigt Professionalität und soziale Kompetenz. Wer dagegen die Stacheln aufstellt, pampig und beleidigt reagiert, grenzt sich aus und wird als nicht teamfähig empfunden. Erfolgreich ist man so jedenfalls nicht.

Folgende Tipps helfen Ihnen, mit der negativen Bewertung anderer besser umzugehen:

- Betrachten Sie Kritik immer aus der jeweiligen Situation heraus und verstehen Sie diese als Anregung. Bauen Sie eine innere Distanz zu dem auf, was an Ihnen bekrittelt wird. Überlegen Sie: Habe ich mich tatsächlich falsch verhalten / einen Fehler gemacht? Ist die Kritik berechtigt? Wenn ja, wie kann ich das beim nächsten Mal vermeiden? Schließlich sind wir alle bemüht, dazuzulernen und uns weiterzuentwickeln.

- Hören Sie aufmerksam zu. Wer sofort zum Gegenangriff bläst, bewirkt nur, dass sich die Situation hochschaukelt. Danach kann keiner mehr sachlich argumentieren. Also den anderen erstmal kommen lassen und herauskriegen: Worum geht es wirklich?

- Unterbrechen Sie die Auseinandersetzung, wenn Sie merken, dass es Sie zu sehr aufregt. Sagen Sie: „Ich habe Ihre Bemerkungen zur Kenntnis genommen. Bitte geben Sie mir etwas Zeit, darüber nachzudenken." Dagegen kann niemand etwas haben, und Sie sind erst einmal aus der Schusslinie. Schlagen Sie ruhig einen neuen Zeitpunkt dafür vor: „Es wäre mir lieb, wenn wir morgen früh noch einmal über die Sache sprechen könnten." Das wirkt kompetent und Ihr Gegenüber hat nicht das Gefühl, dass Sie kneifen.

● Wie Sie schon gelesen haben, steckt hinter Kritik oft ein subjektives Anliegen. Fragen Sie daher nach! „Was genau hat dich an meinem Verhalten gestört?" oder „Wie haben Sie das gemeint, ich sei unfreundlich gewesen?" Damit zeigen Sie Ihre Bereitschaft, mit der Kritik umzugehen. Eine Schwachstelle an der meisten Kritik sind die verschwommenen und unpräzisen Aussagen.

● Prüfen Sie Ihr Gewissen! Hat der andere recht? Seien Sie ehrlich und geben Sie zu, wenn Sie einen Fehler begangen haben. Oder entschuldigen Sie sich, falls nötig. Wenn Sie zu unrecht kritisiert wurden, sollten Sie dem entschieden entgegentreten. In jedem Fall sollten Sie auf den Vorwurf reagieren – möglichst ruhig und sachlich.

● Schlechtes Benehmen müssen Sie dabei allerdings nicht hinnehmen. Wenn jemand Sie vor anderen kritisiert, und das womöglich noch in aggressiver Form, sollten Sie dem Einhalt gebieten. Sagen Sie zum Beispiel ganz ruhig: „Herr XY, ich denke, die Angelegenheit sollten wir besser unter vier Augen besprechen."

● Schildern Sie Ihre Sichtweise der Situation. Jedoch nur, wenn Sie sicher sein können, dass der andere auch bereit ist, Ihnen zuzuhören. Sie müssen sich nicht in jedem Falle rechtfertigen. Häufig kommt es bei unangemessener Kritik nämlich zu einem gegenseitigen Hochschaukeln von Vorwürfen. Und mit eigenen Rechtfertigungen schafft man dann nur Angriffsflächen, die der andere dann wieder auseinandernimmt.

- Arbeiten Sie lösungsorientiert! Was geschehen ist, ist geschehen. Jetzt gilt es, konstruktiv damit umzugehen. Machen Sie Lösungsvorschläge, wenn die Kritik an Ihnen berechtigt ist oder bitten Sie den anderen um Lösungsvorschläge. Das wirkt professionell. Wichtig ist, nach vorn zu blicken und sich nicht mit Schuldzuweisungen und Rechtfertigungen aufzuhalten.
- Jeder macht mal einen Fehler. Lernen Sie daraus, aber lassen Sie nicht zu, dass man Ihnen Ihr Versäumnis nun ständig vorhält und somit Ihr Selbstwertgefühl attackiert. Tadeln ist leicht, doch so zu kritisieren, dass es die Sache voranbringt und nicht dazu führt, dass der andere für die nächsten Wochen eingeschnappt ist, braucht Übung.

Wenn Sie selbst jemanden kritisieren, sollten Sie folgende Punkte beachten:

- Reagieren Sie zeitnah und angemessen. Je länger Sie warten, desto mehr Ärger häuft sich auf und desto schwieriger wird es, Ihre Kritik konstruktiv anzubringen. Also am besten in der entsprechenden Situation sofort sagen, was Sie stört. Wenn Sie merken, dass Sie zu aufgebracht sind, sollten Sie vorher einige Male tief durchatmen, an etwas Schönes denken oder kurz den Raum verlassen und bis zehn zählen.

- Beachten Sie das „Unter-vier-Augen"-Prinzip. Dritte sollten von Ihrer Auseinandersetzung möglichst nichts mitbekommen. Das wäre dem zu Kritisierenden gegenüber unfair.

- Die Kritik sollte klar und detailliert formuliert sein. Das heißt, keine Pauschalbewertungen wie: „Ihr Vortrag wirkte auf mich unprofessionell." Sie sollte nach Möglichkeit eine Begründung enthalten, damit der Adressat weiß, was er verbessern kann. Zum Beispiel: „Ihr Vortrag wirkte auf mich unprofessionell, weil Sie nur eine Seite der Argumentation berücksichtigt haben."

- Bedenken Sie, dass Sie nicht die Person kritisieren, sondern nur ein Verhalten dieser Person. Und das sollte sich auch in Ihrer Kritik widerspiegeln. Also nicht sagen: „Du hörst nie richtig zu" und damit auch noch eine Verallgemeinerung präsentieren, sondern Ihr Anliegen lieber in eine Ich-Botschaft verpacken: „Ich hatte den Eindruck, du warst nach dem Telefonat abgelenkt und hast mir gar nicht richtig zugehört." So wird der Adressat nicht sofort mit einem Vorwurf konfrontiert und kann besser zu dem Vorfall Stellung nehmen. Und Sie selbst wirken weniger arrogant.

- So sehr Sie sich vielleicht auch geärgert haben: Bleiben Sie ruhig und seien Sie um Sachlichkeit und Fairness bemüht. Übrigens: Häufig kritisieren wir an anderen Menschen Dinge, die wir an uns selbst nicht mögen.

- Nur wenige Menschen können gut mit Kritik umgehen. Damit Ihre Anmerkungen nicht wie ein Peitschenhieb wirken, sollten Sie vorher möglichst etwas Nettes sagen. So verliert der andere nicht sein Gesicht und kann die Kritik besser annehmen.

- Hüten Sie sich vor Vergleichen! „Mein Ex-Freund war viel rücksichtsvoller als du" oder „Nimm dir ein Beispiel an deiner Schwester, die hat das Abitur mit Bravour bestanden!" – mit solchen Sätzen werden Sie wohl kaum eine Wirkung erreichen. Solche Vergleiche sind verletzend. Daher sollten Sie auf sie verzichten.

- Mit Ihrer Kritik sollten Sie nach Möglichkeit gleich einen Lösungsvorschlag verbinden. Dabei hilft es, die Stimme zu senken und sie dadurch ein bisschen sanfter klingen zu lassen.

Sich erfolgreich beschweren

Eine sanft klingende Stimme nützt Ihnen allerdings nichts, wenn Sie sich erfolgreich beschweren wollen. In solchen Situationen sollten Sie freundlich, aber bestimmt auftreten. Denn Ärgernisse wie ein kaltes Menü im Restaurant, ein schmutziges Hotelzimmer oder noch Flecken in der Kleidung aus der Reinigung muss man nicht hinnehmen. Doch wie reklamiert man solche Unannehmlichkeiten richtig?

- Treten Sie selbstbewusst auf! Jetzt bloß keine Unsicherheit zeigen! Wer mit festem Blick und bestimmendem Ton seine Beschwerde vorträgt, wird ernst genommen.

Machen Sie Ihrem Gegenüber klar, dass Sie von Ihrem Anliegen überzeugt sind, und bringen Sie es deutlich zur Sprache. Seien Sie mutig, reklamieren Sie möglichst sofort! Nicht erst aufessen. Rufen Sie die Bedienung und sagen Sie freundlich, aber bestimmt, was Sie am Essen zu bemängeln haben. Wer sich lauthals beschwert oder den Ober anpflaumt, reagiert übertrieben und ungerecht. Schließlich hat die Bedienung die Mahlzeit nur gebracht und nicht zubereitet. Wenn der Kellner oder die Kellnerin jedoch uneinsichtig ist, sollten Sie den Geschäftsführer verlangen. In der Regel wird man Ihnen ein neues Essen servieren. Wer sich das noch nicht zutraut, sollte wenigstens am Schluss, wenn der Ober fragt, die Wahrheit sagen: „Nein, es hat mir nicht gut geschmeckt." Wer dabei allerdings seinen Blick gesenkt hält und resigniert abwinkt, wird nichts erreichen. Die Geste hat nämlich verraten, dass Sie schon aufgegeben haben. Wer hingegen der Bedienung direkt in die Augen schaut und sagt: „Nein, es hat mir nicht gut geschmeckt. Das Fleisch war angebrannt." und dann auf den dunklen Fleischrest deutet, wird wahrscheinlich als Wiedergutmachung einen Digestif angeboten bekommen.

● Machen Sie sich klar, was Sie mit Ihrer Beschwerde erreichen wollen. Möchten Sie eine Nachbesserung, einen gleichwertigen Ersatz, eine entsprechende Entschädigung oder Ihr Geld zurück? Wer weiß, was er will, hat die bessere Verhandlungsposition.

- Bleiben Sie trotz des Ärgers ruhig und besonnen. Je aufbrausender Sie sich geben, desto weniger ist der andere bereit, Ihre Forderungen zu erfüllen. Durch Gelassenheit und Verständnis fördern Sie seine Hilfsbereitschaft.

Mit Penetranz punkten

Wenn Sie bei einer Reklamation nicht zu Ihrem Recht kommen und man auch sonst keine Rücksicht auf Ihre Forderungen und Wünsche nimmt, geben Sie wahrscheinlich zu früh auf. Resignieren Sie nicht beim ersten Nein Ihres Gegenübers, sondern bleiben Sie am Ball! Seien Sie hartnäckiger als andere! In den meisten Fällen steht dem Verkäufer oder Kellner nur ein kleines Repertoire an Abschmetterphrasen zur Verfügung, und wer den längeren Atem hat, gewinnt. Wenn Sie jetzt denken, „Das könnte ich nie!", wollen Sie sich nur nicht aus Ihrem Höflichkeits-Kokon befreien. Natürlich kostet es viel Überwindung, gegen die ablehnenden Standards Ihres Gesprächspartners anzukämpfen. Denn Ihr Gegenspieler wird Ihre Forderungen aus Eigeninteresse anfangs zurückweisen und hoffen, dass Sie dann aufgeben. Das haben Sie ja bisher auch immer getan. Jetzt sollten Sie lernen, den Spieß umzudrehen. Vor allem, wenn Ihnen Ihre Reklamation am Herzen liegt und Sie sich nicht wieder tagelang damit grämen wollen, schnöde abgespeist worden zu sein. In solchen Situationen hilft die „Schallplatte-mit-Sprung"-

Strategie Ihnen, zu Ihrem Recht zu kommen. Bei dieser Methode lernen Sie, unnachgiebig zu sein und Ihre Forderungen immer wieder vorzubringen, bis Sie Ihr Ziel oder einen annehmbaren Kompromiss erreicht haben.

Hier ein Beispiel:

Sie haben sich ein Paar neue Pumps gekauft, und bereits zwei Tage später löst sich die aufgesteppte Verzierung am rechten Schuh. Prompt bringen Sie das Paar zurück ins Schuhgeschäft und verlangen Ersatz oder Ihr Geld zurück.

Sie: „Ich habe vorgestern diese Pumps bei Ihnen gekauft, hier ist der Kassenzettel. Und schon beim zweiten Tragen hat sich hier die Zierleiste gelöst."

Verkäuferin: „Zeigen Sie mal her, das kann ja gar nicht sein. Mit dem Hersteller arbeiten wir seit Jahren zusammen, und es gab noch nie Probleme. Was haben Sie denn mit den Schuhen angestellt? Vielleicht Fußball gespielt?" Auf diese Weise versucht die Verkäuferin Ihnen die Schuld zu geben.

Sie: „Dann bin ich eben die Erste mit dieser Beschwerde. Ich möchte ein neues Paar Schuhe oder mein Geld zurück." (Schallplatte-mit-Sprung-Technik)

Verkäuferin: „Das geht nicht. Wir müssen die Pumps an den Hersteller zurückschicken." So weicht die Verkäuferin vor der Verantwortung aus.

Sie: „Der Hersteller interessiert mich nicht. Ich habe die Schuhe hier gekauft und möchte ein neues Paar oder mein Geld zurück." (Schallplatte-mit-Sprung-Technik)

Verkäuferin: „Das darf ich nicht tun. Das kann nur die Abteilungsleiterin."

Sie: „Dann rufen Sie diese bitte."

Verkäuferin: „Sie müssen in den ersten Stock zur Exquisit-Abteilung gehen." (Ausweichen vor der Verantwortung)

Sie: „Wie heißt die Dame?"

Verkäuferin: „Frau Hoffmann."

Sie: „Dann rufen Sie Frau Hoffmann bitte her." (Schallplatte-mit-Sprung-Technik)

Verkäuferin: „Gehen Sie doch nach oben, dort werden Sie sie finden." (Ausweichen vor der Verantwortung)

Sie: „Ich habe nicht die Absicht, nach oben zu gehen und lange nach ihr zu suchen. Rufen Sie Ihre Abteilungsleiterin bitte her!" (Schallplatte-mit-Sprung-Technik)

Verkäuferin: „Sie sehen doch, dass ich hier noch andere Kunden zu bedienen habe, die schon ungeduldig werden." Die Verkäuferin versucht, Ihnen Schuldgefühle einzureden.

Sie: „Auch ich will bedient werden, also holen Sie bitte die Abteilungsleiterin her."

Die Verkäuferin seufzt, telefoniert dann kurz und sagt: „Frau Hoffmann wird gleich hier sein."

Vier Minuten später taucht die Abteilungsleiterin auf.

Sie: „Ich habe vorgestern dieses Paar Pumps in Ihrem Geschäft gekauft, und wie Sie hier sehen, hat sich die aufgesteppte Verzierung gelöst. Ich möchte ein neues Paar Schuhe oder mein Geld zurück." (Schallplatte-mit-Sprung-Technik)

Frau Hoffmann: „Wir schicken die Schuhe an den Hersteller, und in zwei Wochen bekommen Sie diese repariert zurück." (Ausweichen vor der Verantwortung)

Sie: „Ich will die Schuhe gegen ein neues Paar umtauschen oder mein Geld zurück." (Schallplatte-mit-Sprung-Technik)

Frau Hoffmann: „Das geht nicht." (Ausweichen vor der Verantwortung)

Sie: „Dann möchte ich den Geschäftsführer sprechen. Rufen Sie ihn bitte her."

Frau Hoffmann: „Der Geschäftsführer ist im Augenblick mit neuen Bestellungen beschäftigt. Kommen Sie morgen wieder." (Einreden von Schuldgefühlen, der Geschäftsführer darf nicht mit solchen Kleinigkeiten belästigt werden)

Sie: „Ich habe heute auch noch eine Menge zu tun. Bitte rufen Sie den Geschäftsführer." (Schallplatte-mit-Sprung-Technik)

Frau Hoffmann: „Ich werde selbst mit ihm reden." Sie geht in den ersten Stock und kehrt nach etwa fünf Minuten zurück. „Der Geschäftsführer bedauert den Vorfall. Es tut uns sehr leid, wenn Sie Unannehmlichkeiten hatten. Ich hole Ihnen gleich ein neues Paar Schuhe. Größe 38, nicht wahr?"

Sie: „Stimmt genau. Vielen Dank."

Mit dieser Methode machen Sie dem anderen klar: Ich lasse mich nicht abspeisen und werde nicht aufgeben, bis ich mein Ziel erreicht habe. **Widerstehen Sie dem Drang, vorzeitig einzuknicken oder sich auf Dis-**

kussionen mit der anderen Person einzulassen.
Die stereotype Wiederholung Ihrer Aussage kostet Mut, und Sie werden sich dabei anfangs sehr unbehaglich fühlen. Schließlich sind wir alle geneigt, auf die Fragen oder das Gesagte der Gegenseite einzugehen. Tun Sie das nicht. Benutzen Sie statt dessen die Schallplatte-mit-Sprung-Strategie. Denn es ist wichtig, diese Haltung durchzuziehen, um das Gewünschte zu erreichen. Beim nächsten Mal wird es Ihnen dann schon viel leichter fallen.

Kontern kann man lernen

Bei diesem Thema muss ich an ein Erlebnis im Bus denken. Der Busfahrer wurde von einem Fahrgast angepöbelt. Was genau passiert war, habe ich nicht mitbekommen. Jedenfalls beugte sich der Fahrgast plötzlich über den Fahrer und drohte: „Halt jetzt das Maul, sonst hau ich dir auf die Fresse!" Im Bus war es schlagartig mucksmäuschenstill. Der Fahrer entgegnete seelenruhig: „Können Sie damit bis 17:15 Uhr warten? Dann habe ich nämlich Feierabend. Vorher bringe ich noch diese Leute nach Hause." Es ertönte ein Riesengelächter. Der Wüterich stutzte, wurde knallrot und zog von dannen.

Ich musste noch Tage später schmunzeln, wenn ich an diese Situation dachte. Gut gekontert! Aber so etwas soll einem erstmal einfallen! Wie ich später erfuhr, hatte dieser Busfahrer an einem Deeskalations-Training teilgenommen. Dabei lernt man, wie man Angreifern und Nörglern den Wind aus den Segeln nimmt. Nicht belehren, beleidigen oder drohen heißt die Devise.

Hilfreiche Strategien

Mittlerweile werden in den meisten Städten Rhetorikkurse oder Seminare angeboten, in denen man Schlagfertigkeit lernen kann. „Unmöglich, das gelingt mir nicht", werden Sie jetzt vielleicht denken. Doch bei der Analyse von guten Kontern hat Matthias Pöhm, einer der bekanntesten Rhetorik-Trainer, festgestellt, dass es immer wieder drei Strategien sind, die dabei zum Erfolg führen. Und diese kann jeder lernen:

- Trick 1: Die Übertreibung. Wenn zum Beispiel der schlecht gelaunte Chef sagt: „Die Farbe steht Ihnen nicht" Dann kontern Sie: „Stimmt, ich werde das T-Shirt heute Abend verbrennen!" Mit Humor nehmen Sie dem Angriff die Spitze.

- Trick 2: Die überraschende Zustimmung. Auf Gehässigkeiten wie „Sie haben ja nicht mal Abitur" oder „Ganz schön zugenommen im Urlaub, was?" antworten Sie: „Stimmt! Das haben Sie gut beobachtet." Oder: „Richtig, daran werden Sie sich gewöhnen müssen." Diese zustimmenden Sätze passen fast immer, wenn der Vorwurf berechtigt ist. Außerdem sind sie leicht auswendig zu lernen. (Das sehen Sie richtig. Das haben Sie gut beobachtet. Daran werden Sie sich gewöhnen müssen.) Danach muss sofort ein Themenwechsel erfolgen. Also keine Erklärung, warum man so zugelegt hat oder warum man nicht rasiert ist, sondern gleich im Anschluss fragen: „Haben Sie die Tabelle fertig, um die ich Sie gestern gebeten habe?" Das sitzt, und danach wird kaum einer noch mal auf Ihr Gewicht oder Ihren Stoppelbart anspielen. Auf „Ihre Haare sind fettig" also auf keinen Fall nuscheln: „Ich weiß, hatte heute morgen keine Zeit zum Waschen." Wenn Sie sich verteidigen, haben Sie schon verloren. Dann akzeptieren Sie die Werteordnung des Angreifers. Sagen Sie lieber wie in Trick 1 beschrieben: „Ich weiß, ich werde daraus bald hochwertiges Salatöl herstellen." Dann haben Sie die Lacher auf Ihrer Seite und die Situation entschärft. Sie entscheiden selbst, ob Sie Täter oder Opfer sind.

- Trick 3: Die Gegenfrage. Wenn der Chef behauptet: „Ihre Ideen sind total niveaulos." Dann kontern Sie zum Beispiel: „Unter Ihrem oder meinem Niveau, Herr Müller?" Oder wenn ein Kunde Ihnen gegenüber stöhnt, Ihr Produkt wäre viel zu teuer. Dann können Sie sagen: „Wie definieren Sie teuer?" Wenn Ihr Partner Ihnen vorwirft, Sie seien hysterisch, dann erwidern Sie: „Wenn hysterisch bedeutet, dass ich meine Gefühle zeigen kann, dann bin ich gern hysterisch." Es gibt kaum ein Wort, das man nur auf eine einzige Art verstehen kann. Stimmen Sie dem Verbal-Angreifer zu und deuten Sie den negativen Ausdruck positiv um: „Sie haben das Taktgefühl einer Dampfwalze." – „Wenn Sie damit sagen wollen, dass ich die Dinge gern beim Namen nenne, stimme ich Ihnen zu."

Sie sehen also, mit ein paar Standardsätzen und -techniken kann es auch schüchternen Menschen gelingen, eine schlagfertige Antwort zu finden.

Entwaffnende Ehrlichkeit

Niemand kann immer alles richtig machen. Das ist allgemein bekannt. Deshalb nimmt es keiner übel, wenn Ihnen einmal ein Fehler unterläuft. Es sei denn: Sie leugnen und suchen die Schuld bei anderen. Besser ist es, zu seinen Fehlern zu stehen. Nur so können Sie daraus lernen. Sagen Sie ehrlich, wenn Sie von einer Sache keine Ahnung haben, anstatt lang und breit herumzuschwafeln. Und bezichtigen Sie nicht andere, wenn Ihnen etwas danebengegangen ist.

In Zeiten, in denen hochrangige Manager im großen Stil Steuern hinterziehen und Politiker ihre Aussagen aus taktischem Kalkül revidieren, stellt sich für viele Leute jedoch die Frage, ob man heutzutage überhaupt noch loyal und ehrlich sein sollte. Bei manchen entsteht gar der Eindruck, mit Unfreundlichkeit oder Lügen schneller ans Ziel zu kommen. Das liegt daran, dass schlechte Erfahrungen stärker im Gedächtnis bleiben. Wir ärgern uns so sehr über skrupellose Zeitgenossen, dass wir uns vornehmen: „Das nächste Mal mach ich's genauso!" Diese Rachegedanken trösten uns, wenn wir übervorteilt wurden.

Zum Glück setzen die meisten ihr Vorhaben dann doch nicht in die Tat um. Sind Sie nämlich schroff zu Fremden oder ködern diese mit falschen Versprechungen, haben Sie selbst ein schlechtes Gewissen. Jeder Mensch ist allein für sein Handeln verantwortlich. Die eigene Selbstachtung sollte ihn davor schützen, zu nett zu sein, um nicht verletzt zu werden. Denn wer sich selbst achtet, will keinen Schaden für sich. Andererseits schützt uns die Selbstachtung davor, zu lügen oder unfreundlich zu sein. Man möchte sich schließlich im Spiegel noch in die Augen sehen können. Oder würden Sie jemanden achten, der sich so rücksichtslos verhält? Sicher fallen Ihnen auch genügend Situationen ein, in denen sich Ihre Freundlichkeit oder Ehrlichkeit ausgezahlt hat, oder? Das Maß aller Dinge sollte stets Ihr eigenes Gewissen sein. Je höher Ihre Selbstachtung ist, desto unabhängiger können Sie entscheiden.

Schwierige Menschen

Wer wenig Selbstvertrauen besitzt, kann sich gegen fordernde und rücksichtslose Mitmenschen meist nur schwer durchsetzen. Er oder sie traut sich einfach nicht, unangenehme Zeitgenossen in die Schranken zu weisen. Wenn Sie merken, dass Sie bei einer Diskussion nicht zu Wort kommen, sollten Sie nicht abwarten, bis der andere endlich eine Pause macht.

Gesprächspartner, die sich nicht unterbrechen lassen, kann man auf andere Art stoppen: Sollte dieser Jemand direkt neben Ihnen sitzen, tippen Sie ihn an und sagen Sie ihm, dass Sie ihn kurz unterbrechen möchten. Wenn der Vielredner nicht greifbar ist, warten Sie, bis einer Ihrer Sitznachbarn spricht, und handeln Sie dann. Spüren Sie Widerstand bei Ihrem Gesprächspartner, können Sie mit Fingerspitzengefühl seine Stimmung auch direkt ansprechen: „Herr Schmidt, irgendwie sind Sie mit dem Ergebnis noch nicht zufrieden, oder?" Wichtig: Formulieren Sie stets eine Frage und unterstellen Sie keine Motive. Sonst fördern Sie die Angriffslust.

Für alle Auseinandersetzungen gilt: Nehmen Sie nichts persönlich und versuchen Sie, Ihre Gefühle unter Kontrolle zu halten! Das wirkt souverän. Sie sind damit in der Situation überlegen und können die Emotionen der anderen lenken.

Wer laufend zu spät kommt, braucht Kontra!

Pünktlichkeit hat nichts mit Spießigkeit zu tun. Es ist eine Wertschätzung des anderen. Doch manche schaffen es trotz bester Vorsätze einfach nicht, zur rechten Zeit am verabredeten Ort zu sein. Ärgern Sie sich über Ihre Freundin, die ständig zu spät zu Ihren Verabredungen kommt? Hier sind ein paar gute Strategien, um sie zur Räson zu bringen. Das trainiert Ihr Selbstvertrauen und setzt dem anderen Grenzen. Trödeln hat meist tiefere Gründe. Oft sind die Bummler sogar guten Willens, doch ihr Unterbewusstsein spielt ihnen einen Streich.

Nicht immer sind es nur die Hoppla-jetzt-komm-ich-Typen, die als letzte Gäste auf Partys auftauchen, um so ihre Wichtigkeit zu demonstrieren. Diese sollte man igno-

rieren und einfach ohne sie anfangen. Oft hat der Zuspätkommer
selbst Angst, blöd herumzustehen
und warten zu müssen. Dahinter
steckt die schnöde Furcht, versetzt
zu werden. Da hilft nur, ein klares Zeitfenster vorzugeben: „Ich
warte höchstens 15 Minuten auf
dich, danach gehe ich!" So erziehen
Sie den anderen zur Pünktlichkeit.
Gehen Sie dann aber auch wirklich! Manche Bummler, die sich bei
unangenehmen, offiziellen Termi-

Wehren Sie sich vehement
gegen Zeiträuber!

nen verspäten, wollen sich unbewusst der Sache entzie-
hen. Sie trauen sich nur nicht, es zuzugeben.

Sollten Sie merken, dass jemand einer Verabredung
nur zögerlich zustimmt, kommen Sie ihm entgegen. Sagen
Sie: „Wenn du zu viel zu tun hast, verschieben wir unser
Treffen lieber auf nächste Woche", bevor Sie sich allein die
Beine in den Bauch stehen.

Stimmen Sie Termine stets genau mit Ihrem Gegenüber
ab. Das gilt vor allem im Job. Machen Sie dazu erst ein Vor-
Checking: „Ich möchte mit Ihnen sprechen. Wann passt es
Ihnen?" Auf diese Weise erfährt der andere, dass Sie ein
Anliegen haben und kann aktiv mit entscheiden, wann der
beste Zeitpunkt für eine Unterhaltung gegeben ist. So ist
die Chance am größten, dass Verabredungen auch eingehalten werden und Ihr Gesprächspartner „ganz Ohr ist".

So parieren Sie Nervensägen

Aus Angst vor Ablehnung oder Liebesentzug lassen wir oft stillschweigend zu, dass andere wie ein Vampir Energie bei uns abzapfen und uns wertvolle Lebenszeit stehlen. Wir ertragen ihre Launen, schlucken Kränkungen. Nur nützt das leider gar nichts. Früher oder später fühlen wir uns überfordert, und es kracht. Oder, was häufiger der Fall ist, wir resignieren und ärgern uns darüber, dass wir mal wieder ausgenutzt worden sind.

- In solchen Fällen hilft es, den „Nervensägen" von vornherein eine klare Grenze zu setzen, damit deutlich wird, dass Ihre Zeit kostbar ist und nicht unbegrenzt zur Verfügung steht. Geben Sie zum Beispiel vor einem Treffen ein Zeitfenster vor.

- Treffen Sie sich mit „Zeiträubern" möglichst nicht bei sich zu Hause. Dann sind Sie nämlich gezwungen, diese rauszuschmeißen. Vor allem für schüchterne Menschen eine unangenehme Situation. „Zeiträuber" sind oft ausgesprochene Egoisten, die es geflissentlich ignorieren, dass Sie bereits alle Gläser abgeräumt oder zum dritten Mal gegähnt haben. Verabreden Sie sich lieber an einem neutralen Ort, so dass Sie gehen können, wann Sie wollen.

- Plaudern Sie nicht zu viel von sich aus. Damit liefern Sie dem anderen nur immer wieder neue Anknüpfungspunkte, auf die er dann Bezug nehmen kann. Nach dem Motto: „Ich wollte mich mal erkundigen, was mit deinem Vorstellungsgespräch letzte Woche geworden ist.

Das musst du mir unbedingt genau erzählen. Lass uns doch morgen mal treffen.“

Von eitlen Selbstdarstellern

Es gibt Menschen mit wenig Selbstachtung, die sich in den Mittelpunkt rücken. Sie kompensieren ihre vermeintliche Schwäche, indem sie andere unterhalten und immer selbstbewusst und beherrscht erscheinen. Bei einigen dieser Personen kann der Drang, im Zentrum des Geschehens zu stehen, krankhaft sein. Eine Verwandte von mir muss in Gesellschaft zum Beispiel immer mit großem Getöse auf sich aufmerksam machen. Sie ist süchtig nach Anerkennung. Ihr Urteil über die eigene Person hängt hauptsächlich von anderen Menschen ab. Um festzustellen, ob auch Sie dazugehören, gibt es einen einfachen Trick: Schweigen Sie bei der nächsten Party einfach mal, selbst wenn sie sich bei einem Gesprächsthema sehr gut auskennen.

Widerstehen Sie dem Drang, mitreden und sich in den Vordergrund spielen zu wollen! So gewinnen Sie einen Teil Souveränität zurück.

Außerdem lernen Sie, weniger auf das Urteil anderer angewiesen zu sein und sich selbst zu akzeptieren. Sehen Sie es einfach als Spiel an.: „Muss ich jetzt wirklich etwas dazu sagen oder will ich nur, dass man mich beachtet?“ Die meisten von uns dürften allerdings eher das gegenteilige Problem haben und an zu großer Schüchternheit leiden.

Die beleidigte Leberwurst

Ein gutes Sozialverhalten zu entwickeln ist gar nicht so einfach. Der moderne Mensch hat längst nicht mehr so viel Kontakt zu anderen wie noch vor Jahrzehnten. Die meisten von uns sitzen häufiger allein vor dem Computer oder dem Fernseher, als Freunde oder Bekannte zu treffen und etwas mit ihnen zu unternehmen. Dadurch verkümmert das Sozialverhalten. Die Folge ist eine immer egoistischer werdende Gesellschaft. Das zeigt sich in unseren Beziehungen: Fast die Hälfte aller Paare geht nach durchschnittlich fünf Jahren auseinander, viele Kinder werden bereits in der Schule gewalttätig. Eine gute Streitkultur sucht man hier vergeblich.

Natürlich ist es nach einer erlittenen Kränkung richtig, dem anderen Grenzen aufzuzeigen: Bis hierher und nicht weiter! Doch auch das sollte in fairer Art geschehen. Wer sich ständig beleidigt zurückzieht, die Schotten dicht macht, verhält sich wenig partnerschaftlich. Denn er gibt dem anderen keine Chance, sein Verhalten zu erklären oder eine gemeinsame Lösung zu finden. Er erpresst den anderen: „Mach, was ich will, sonst verweigere ich dir den Kontakt!" Besser wäre es, nach einer kurzen Phase der Beruhigung, das Gespräch zu suchen.

Haben Sie keine Angst vor Konflikten! Manchmal ist es nötig, dem anderen gehörig die Meinung zu sagen. Das klärt Standpunkte und kann Missverständnisse ausräumen. Außerdem verschaffen Sie sich so Respekt. Niemand kann Gedankenlesen. Vielleicht hat der andere es gar nicht so böse gemeint, wie es bei Ihnen angekommen ist. Wenn doch, haben Sie sich jedenfalls um eine Verständigung bemüht und nun alles Recht der Welt, entsprechende Konsequenzen zu ziehen. Doch diese Chance sollten Sie sich und dem anderen geben. Es stärkt auch das Selbstvertrauen, mutig und konfliktfähig zu sein. Damit zeigen Sie, dass Sie das Heft des Handelns in die Hand nehmen können.

Jammern und Wehklagen

Ich kenne eine Frau, die klug und attraktiv ist. Trotzdem hat sie nur wenig Freunde und seit vielen Jahren keinen Partner, worunter sie sehr leidet. Woran liegt das? Sie redet wie ein Wasserfall, fast ausschließlich von sich selbst. Außerdem berichtet sie hauptsächlich Negatives: Geldsorgen, Einsamkeit, Depressionen, Krankheiten. Das wirkt abschreckend. Gerade Menschen, mit denen man nicht so vertraut ist, reagieren eher erschrocken über zu viel Vertraulichkeit, sind überfordert mit zu vielen Problemen und Gejammer. Hier heißt es, sich zurückzunehmen. Man sollte sich stets erstmal auf sein Gegenüber einstellen und gucken, wie es dem anderen geht und ob die eigenen Themen ihn interessieren. Ich habe hier ein Extrem-Beispiel gewählt. Aber die meisten Menschen reden gern über sich. Ein gutes Gespräch sollte jedoch ein ausgewogenes Verhältnis zwischen zwei Protagonisten haben. Zeigen Sie Interesse für Ihren Gesprächspartner, haken Sie nach und seien Sie aufmerksam. So schaffen Sie eine gute Aatmosphäre, in der Sie eigene Themen gut anbringen können.

Entschleunigen Sie Ihr Leben!

Unser Leben wird immer schneller und hektischer. Unsere Zeit scheint dadurch knapper zu werden. Daher versuchen wir, immer mehr Aktionen in immer weniger Zeit zu pressen. Das führt bei vielen Menschen zu seelischer und mentaler Überbelastung, weil sie die vielen verschiedenen Eindrücke, die auf sie einstürmen, nicht mehr verarbeiten können. **Stoppen Sie diesen unguten Kreislauf! Das Leben ist doch kein Formel-1-Rennen.** Obwohl viele Menschen darunter leiden, tun sie sich doch schwer, ihr Leben zu entschleunigen. Aber es lohnt sich: Denn jenseits der Hektik warten längst vergessene Genüsse. Haben Se mal wieder die Muße, einen grandiosen Sonnenuntergang zu genießen oder spielen Sie ausgiebig mit Ihren Kindern. Entdecken Sie verschüttete Talente: Malen Sie mal wieder ein Bild oder legen Sie einen Wellness-Tag ein mit einer Freundin, die Sie lange nicht gesehen haben! Erlebnisse, die zu unauslöschlichen Erinnerungen werden, haben nur selten etwas mit Stress und Hektik zu tun.

Viele Menschen machen gewisse Umstände für ihre Unzufriedenheit verantwortlich und hadern mit sich und ihrem Schicksal. Das ist müßig. Wer nur zurückschaut, verpasst sein Leben. Auch zu hoffen, wenn dieses oder jenes Ziel erst einmal erreicht ist, wird bestimmt alles besser, ist meist ein Trugschluss. Die Unzufriedenheit ist vorprogrammiert, wenn Sie verbissen auf einen besser bezahlten Job, einen charismatischen Partner oder ein Häuschen im

Grünen hinarbeiten. Wer stets nach Besserem strebt, läuft Gefahr, in einer ewigen Warteschleife stecken zu bleiben. Sie vergeuden wertvolle Zeit. **Je stärker Sie Ihr Leben am Endziel Glück ausrichten, desto frustrierter werden Sie.** Weil Sie Ihr tägliches Leben immer wieder mit dem vergleichen, was Ihnen als erstrebenswert vorschwebt. Daran gemessen schneidet Ihr Alltag schlecht ab.

Um glücklich im Hier und Jetzt zu sein, braucht es meist nur wenig – denn Lebensfreude entsteht in uns selbst. Dabei kommt es entscheidend auf unsere innere Haltung an. Es gibt eigentlich nur ein Ziel, das zugleich ein Weg ist, nämlich die eigenen Anlagen und Fähigkeiten zu entwickeln. Machen Sie das, was Ihnen jetzt als gute Idee erscheint, und nicht das, was sich in ferner Zukunft auszahlen soll.

Das Leben ist keine gerade Bahn, sondern ein Zickzackweg. Gehen Sie ruhig das Risiko ein, nicht zu wissen, wo dieser Weg hinführt. Gehen Sie Ihren eigenen Lebensweg, kopieren Sie keinen anderen. Nichts gegen Ehrgeiz und wissbegieriges Lernen. Natürlich dürfen Sie Ziele haben. Aber nicht nur ein einziges, dem Sie alle anderen unterordnen. Die meisten haben einen voll gestopften Terminkalender und sind auch noch stolz darauf. Nach dem Motto: Ich powere, also bin ich. Doch von Zeit zu Zeit empfiehlt es sich, die eigenen Bedürfnisse und Ziele zu überprüfen. Kommen Sie zur Ruhe und überlegen Sie: Was ist wirklich wichtig für mich? Am besten beginnen Sie damit, bevor Sie eine Zwangspause einlegen müssen.

GLÜCK IST TÄGLICH DA

Glück ist kein Ziel, dass Sie irgendwann erreichen können. Glück ist täglich da, es steckt in Kleinigkeiten, zum Beispiel in Begegnungen, Gefühlen, Träumereien, in der Arbeit, im Spiel. Es kann überall sein, es ist nur nicht planbar. Glück stellt sich überraschend ein, meist, wenn Sie gar nicht daran denken. Wer versucht, es festzuhalten, wird es verlieren. Versuchen Sie lieber, jeden Tag bestmöglich zu erleben und genießen Sie die schönen Momente, die auch der Alltag zu bieten hat. Sagen Sie sich: „Wo ich im Augenblick bin, gehöre ich hin, und das ist gut so."

Oftmals will man auch nur den anderen etwas beweisen. Verabschieden Sie sich von diesem Streben. Der einzige Mensch, dem Sie etwas beweisen müssen, sind Sie selbst! Dabei kommt es gar nicht auf große Erfolge an. Registrieren Sie auch die kleinen Schritte, in denen es manchmal vorangeht. Wir neigen dazu, ungeduldig zu werden und uns nur auf große Fortschritte zu konzentrieren. Bleiben diese aus, reagiert man frustriert. Lernen Sie, milder und geduldiger mit sich zu sein. Es geht darum, auch kleine Erfolge, positive Erlebnisse und schöne neue Erfahrungen als etwas Wertvolles und Besonderes schätzen zu lernen und sich dafür zu belohnen. Wenn Sie sich so Stück für Stück immer mehr Ihren wirklichen Bedürfnissen annähern, dürften Glück und Zufriedenheit nicht mehr lange auf sich warten lassen. Haben Sie Ihr Ziel schließlich erreicht, so sollten Sie ruhig die Korken knallen lassen. Feiern Sie sich selbst! Genießen Sie Ihren Erfolg. Und ruhen Sie sich danach ein wenig auf den Lorbeeren aus, bevor Sie das nächste Projekt in Angriff nehmen.

Erfolgsfaktor Persönlichkeit

Vor allem schüchterne Menschen sind oft unzufrieden mit sich. Viele glauben, dass ihnen alles fehlt, was einen Mann bzw. eine Frau attraktiv macht. Ausstrahlung, Charme, Witz und Humor sowie ein gutes Aussehen. All das, was man gemeinhin Charisma nennt. Das Geheimrezept erfolgreicher Menschen ist es, die eigene, unverwechselbare Persönlichkeit sicht- und hörbar zu machen. Das können Sie auch schaffen! Erste Maßnahme: Stellen Sie Ihr Licht nicht länger unter den Scheffel! Machen Sie erkennbar, wer Sie sind! Schon mit ein paar Kleinigkeiten, die Sie verändern, können Sie bei anderen große Wirkung erzielen. Eine gelungene Selbstdarstellung bringt Sympathie und Erfolg. Glänzen Sie nicht durch maßlose Übertreibungen, aber lassen Sie andere ruhig wissen, was Sie können! So gewinnen Sie Respekt. Dass man sich selbst nicht klein machen sollte, weil andere einen dann ebenfalls für klein und unbedeutend halten, haben Sie ja schon gelesen.

Menschen mit dem gewissen Etwas kleiden sich typgerecht und irgendein Accessoire ist meist besonders an ihnen. Sei es eine schöne Uhr, eine originelle Brosche, ein toller Gürtel oder hübscher Haarschmuck. Sie wirken jedenfalls nie langweilig. Doch was viel mehr fasziniert, ist ihre Art, mit anderen Menschen umzugehen. Sie sind zugewandt, freundlich und sehr aufmerksam. Zum Beispiel sprechen sie ihr Gegenüber mit Namen an und merken sich einige Eckdaten: ob jemand Kinder hat, was seine Hobbys sind oder dass jemand seinen Segelschein gemacht hat. Das mögen die Leute. Selbst eher schüchterne Gesprächspartner tauen dann auf. Menschen mit Charisma können meist gut und unterhaltsam erzählen. Mit ihnen gibt es viel zu lachen. In ihrer Gesellschaft fühlt man sich wohl. Wichtig ist also, sich den anderen zuzuwenden, zu lächeln und ihnen offen in die Augen zu schauen. Doch nicht länger als drei Sekunden, sonst flirten Sie bereits! Im Gespräch dürfen Sie Ihr Gegenüber auch mal zart berühren, zum Beispiel am Arm. Das schafft Nähe und berührt auch emotional.

Sein Image korrigieren

Seine Persönlichkeit zu verändern, ist gar nicht so leicht. Im vorherigen Kapitel haben Sie erfahren, was eine starke Persönlichkeit ausmacht. Mitunter legen uns aber gerade Menschen, die uns gut kennen, Steine in den Weg. „Norbert? Das ist doch der arrogante Schnösel, der nur durch Vitamin B an seinen Job gekommen ist." – „Petra lässt auch privat nichts anbrennen!" Mit solchen herablassenden Kommentaren wird Menschen oft ein Stempel aufgedrückt, den diese dann schwer wieder loswerden. Wohl jeder von uns hat ein bestimmtes Image: die selbstbewusste, die ängstliche, die langweilige, die zurückhaltende, die intrigante Person. Dieses Etikett verpassen uns andere. Und manch einer würde viel darum geben, wenn er aus der Schublade, in den ihn die Kollegen oder Freunde gesteckt haben, wieder herauskäme. Schließlich hat man noch viel mehr zu bieten.

Warum kleben Leute anderen so ein unsichtbares Etikett auf? Ganz einfach. Diese Vereinfachungen helfen uns, andere schnell einzuordnen. In einer Welt, in der Konkurrenz und Gefahren lauern, brauchen wir gewisse Eigenschaften: ein Gespür für brenzlige Situationen, die Unterscheidung von Freund und Feind, ein gesundes Misstrauen sowie ein Gefühl für die Stärken und Schwächen anderer Menschen. Außerdem benötigen wir ein Schutzschild gegen die eigene Verletzlichkeit. Wir haben einen gewissen Erfahrungsschatz, und um nicht jede Situation neu bewerten zu müssen, sortieren wir Menschen entsprechend in unser persönliches Raster ein. So wissen wir, mit was für einem Typen wir es zu tun haben. Vor allem negative „Stempel" werden gern verteilt.

Oft bekommen Menschen auch ein Etikett verpasst, weil ihr Verhalten andere verunsichert. Eine bestimmte Einstellung kann Angst und Ablehnung hervorrufen. Wer ein gesundes Selbstvertrauen zeigt und entsprechend für seine Belange eintritt, kriegt dann womöglich den Stempel

„wichtigtuerisch" oder „karrieregeil" aufgedrückt, obwohl er insgeheim um seinen Mut beneidet wird. Wer andere häufig aburteilt, sollte sich einmal mit sich selbst beschäftigen. **Schließlich ist es immer einfacher, andere abzuqualifizieren, als sich selbst seine Defizite einzugestehen.** Wenn auch Sie zu den Menschen gehören, die anderen gern einen Stempel verpassen, sollten Sie ehrlich überprüfen, was dahinter steckt: Sind Sie vielleicht neidisch, weil der andere sich Dinge traut, die Sie sich selbst nicht zugestehen würden? Oder fühlen Sie sich von Ihrer Umgebung unterschätzt?

Was kann man tun, um sein negatives Image loszuwerden? Wer als unpünktlich und unzuverlässig gilt, wird diesen Ruf nicht zu Unrecht haben, und es dürfte ihn viel Energie kosten, dieses Image zu ändern. Dennoch ist es möglich. Er muss nur sein Zeitmanagement verbessern, mehr Disziplin an den Tag legen und sich nicht zu viel auf einmal vornehmen. Wenn jemand wirklich die Nase voll hat von der eigenen Nachlässigkeit und den dauernden Ermahnungen der anderen, wird es ihm auch gelingen. Es dürfte allerdings etwas dauern, bis die anderen diese Veränderung bemerken.

Anders sieht es aus, wenn jemand sehr ehrgeizig oder impulsiv ist. Diese Charaktereigenschaften lassen sich nicht unterdrücken. Denn wer nimmt sich schon beim Sport so weit zurück, dass er anderen den Sieg überlässt? Oder verzichtet im Job auf Lob und Anerkennung? Auch ein hitziges, aufbrausendes Temperament ist nicht zu verleugnen. Da hilft nur, sich so zu anzunehmen, wie man ist, und zu akzeptieren, dass man damit bei manchen Menschen auf Ablehnung stößt. Wenn man das bemerkt, sollte man am besten offen darüber reden. Gestehen Sie ehrlich: „Tut mir leid, ich bin furchtbar ehrgeizig und kann nur schwer verlieren. Das war schon als Kind so. Bitte sehen Sie es mir nach." Damit nehmen Sie anderen den Wind aus den Segeln und bitten um Verständnis.

Kleider machen Leute

Bei jeder neuen Begegnung ist der erste Eindruck ganz entscheidend. Er bestimmt, ob man sich dem anderen zuwendet, ihn für sympathisch oder kompetent hält. Das alles geschieht in nur drei bis vier Sekunden, wie Wissenschaftler herausgefunden haben. Umfragen zum Thema Attraktivität und Karriere machen eine weitere Entwicklung deutlich: 1986 fanden fünf Prozent der Arbeitgeber Attraktivität bei ihren Mitarbeitern wichtig, 2004 waren es bereits 20 Prozent, die Wert auf das Äußere ihrer Mitarbeiter gelegt haben. Nun sind die wenigsten von uns charmante, intelligente und hochattraktive Supermenschen. Doch wer möchte, kann an seiner besseren Wirkung arbeiten.

Dabei spielt unsere Kleidung eine große Rolle. Einer grauen Maus wird meist weniger zugetraut, als einem Menschen, der schon nach Erfolg aussieht. Das mag Sie jetzt vielleicht empören, weil es dabei nur um Äußerlichkeiten geht und niemand durch einen teuren Anzug ein anderer Mensch wird. Doch Tatsache ist: Wir werden aufgrund unserer Klamotten eingeschätzt. Und damit stecken wir bereits in einer bestimmten Schublade. Etwa 30 Sekunden bleiben uns anschließend, um aus dieser Sortierung noch einmal herauszukommen – durch unsere Körpersprache, unsere Stimme und unsere Mimik. Danach steht das Urteil des anderen fest.

Deshalb ist es vor allem bei Bewerbungsgesprächen unerlässlich, gepflegt und attraktiv aufzutreten. Die meisten Menschen schließen von der äußeren Erscheinung auch auf den Charakter und die Einstellung zur Arbeit. All das wird bewertet, noch bevor das erste Wort gesprochen ist und bevor jemand Ihre Fähigkeiten und Intelligenz beurteilen konnte. Also ist es klug, dieses Wissen zu nutzen.

- Suchen Sie Ihre Garderobe daher mit Sorgfalt aus. Achten Sie dabei auf Qualität. Doch verkleiden Sie sich nicht! Ihr Äußeres muss im Einklang mit Ihrer Persönlichkeit stehen. Eine Persönlichkeit kann man nicht stylen, aber man kann sie mit einem geschickten Styling besser zum Ausdruck bringen.

- Jeder von uns möchte wahrgenommen werden, und zwar nicht nur im Moment, sondern auch in der Erinnerung. Deshalb ist es besonders bei Vorstellungsgesprächen wichtig, dass Details unserer Erscheinung und unseres Wesens beim anderen hängen bleiben. Tragen Sie einen schönen Gürtel, eine hübsche Brosche, eine attraktive Brille oder eine edle Uhr. Irgendetwas Besonderes, dass Ihre Persönlichkeit zum Ausdruck bringt und dem anderen im Gedächtnis haften bleibt. Fragen Sie notfalls einen Freund oder eine Freundin um Rat.

- Mit unserem Outfit zeigen wir auch anderen gegenüber unsere Wertschätzung. Um es mit dem Schriftsteller Carl Zuckmayer zu sagen: „Wie du kommst gegangen, wirst du auch empfangen!" Abgesehen davon fühlen Sie sich selber sicherer, wenn Sie gut aussehen. Und das wiederum macht sich in Ihrem Auftreten und an Ihrer Wirkung bemerkbar.

- Nachdem Sie sich sorgfältig gestylt haben: Vergessen Sie sofort, was Sie tragen! Verschwenden Sie keinen Gedanken mehr an Ihr Aussehen! Wichtig ist, dass Sie sich in Ihrer Kleidung wohl fühlen. Ist das nicht der Fall, sind Sie nicht bei sich, sondern gedanklich nur mit Äußerlichkeiten befasst, zupfen nervös an Ihrem Outfit herum und können sich nicht auf Inhalte konzentrieren. Denn nur, wenn wir einen Grad der Selbstvergessenheit erreichen, bei dem es uns egal ist, wie die Frisur sitzt oder ob der Anzug knittert, können wir andere von unserem Anliegen überzeugen.

Wie Sie gelesen haben, muss niemand einen schwachen Selbstwert als unabänderlich hinnehmen. Sind Sie mit einer Situation unzufrieden und möchten etwas ändern, sollten Sie nicht zurückblicken, sondern nach vorn – dorthin, wo Sie hin möchten. Sicher: Niemand ändert sich von heute auf morgen. Besonders dann nicht, wenn es sich um neue Verhaltensmuster handelt, die stark mit alter Angst, mit der Sehnsucht nach Anerkennung und Geborgenheit besetzt sind. Selbstveränderung ist ein Abenteuer. Aber es lohnt sich, sich auf diese Reise zu begeben. Denken Sie daran: Jeder ist seines Glückes Schmied. Die Fähigkeit, glücklich zu sein, wird Ihnen nicht in die Wiege gelegt. Sie müssen sie fördern. Ob wir häufig Momente der Erfüllung empfinden, hängt dabei wesentlich von der inneren Einstellung ab. Als eine Quelle des Glücks erweisen sich auch die Beziehungen zu anderen Menschen. Gespräche und Unternehmungen mit dem Partner und Freunden schaffen Geborgenheit, Nähe und Vertrauen. Und das liefert uns die meiste Lebensenergie.

Das Leben ist ein ständiges Auf und Ab. Nur wer das akzeptiert, kann den Wert von Glück und Zufriedenheit richtig einschätzen und sich auch über alltägliche Dinge freuen. Menschen neigen dazu, sich auf sicherem und bequemem Terrain zu bewegen. Der Alltag im vertrauten Rahmen bietet Schutz. Hier kann einem nur wenig passieren. Trotzdem wird in dieser „Komfortzone" häufig geklagt. Über Dinge, die fehlen, oder Veränderungen, die nicht stattfinden. Doch statt die Probleme anzugehen, verharren viele Leute in ungeliebter, aber bequemer Routine. Mit verschiedenen Vermeidungsstrategien wollen sie so Schmerz, Fehler und Ablehnung umgehen. Dieses Verhalten kostet jedoch mindestens genauso viel Energie wie eine Veränderung. Warum die störenden Dinge also nicht gleich in Angriff nehmen? Werden Sie aktiv! Veränderungen können Sie selbst am besten herbeiführen. Nichts muss so bleiben, wie es ist! Man weiß eigentlich nie, wozu man fähig ist, bevor man aufsteht, um es zu versuchen. Also, fassen Sie sich ein Herz!

Dank

Mein Dank gilt Jan, Jörg und vor allem Gabi, die mich beim Entstehen dieses Buches unterstützt haben. Vielen Dank auch an Jutta Rath und Marie Schroeder, die mich durch Ihre Coaching-Seminare sehr inspiriert haben.

Natalie Schnack

Leise überzeugen

Mehr Präsenz für Introvertierte
Der Ratgeber für Alltag und Beruf

208 Seiten, 14,5 x 21,5 cm, Broschur
ISBN 978-3-86910-500-0
€ 19,99

Auch als E-Book erhältlich.

- Perfekt für alle Introvertierten, die sich nicht verstellen möchten
- Praxiserprobtes Konzept, alltagstaugliche Tipps
- Autorin ist „Sichtbarkeits-Coach" mit viel Erfahrung
- Mit sieben starken Regeln für mehr Präsenz für leise Menschen

Klappern gehört zum Handwerk – aber nicht jeder ist zum Klappern gemacht. Zum einen, weil es häufig mit „Selbstbeweihräucherung" verbunden wird, zum anderen, weil fast die Hälfte aller Menschen eher introvertiert ist.

Dieser Ratgeber hilft den „leisen Menschen" dabei, mehr Sichtbarkeit zu finden – ohne sich verstellen zu müssen. Mit Kompetenz und Einfühlungsvermögen bringt die Autorin die Leser dazu, eigene Qualitäten und Erfolge auf eine zu ihnen passende Art nach außen zu transportieren. Das perfekte Buch für alle „Leisen" unter uns, die ihren Weg zu mehr Präsenz finden möchten.

Yvonne de Bark

Körpersprache einfach nutzen

Eine Schauspielerin verrät die besten
Tricks für Alltag, Flirt und Job

240 Seiten, mit DVD
14,5 x 21,5 cm, Broschur
ISBN 978-3-86910-487-4
€ 29,99

Auch als E-Book erhältlich.

- Buch mit Film auf DVD
- Witzig und kompetent: Schauspielerin Yvonne de Bark
  rollt das Thema Körpersprache neu auf
- Die Tricks der Schauspieler nutzen
- Mit vielen alltagstauglichen und erprobten Beispielen

Die Schauspielerin Yvonne de Bark ist es gewohnt, in unterschiedliche Rollen zu schlüpfen. Zicke, Mörderin oder Krankenschwester
mit Herz: Jede Figur hat eine andere Körpersprache. Als Schauspielerin weiß sie, wie sie diesen Ausdruck quasi auf Knopfdruck abrufen kann.

Dieses Wissen gibt sie in „Körpersprache einfach nutzen" witzig
und kompetent weiter. Die Expertin für Körpersprache erklärt, wie
Sie Gestik und Mimik perfekt einsetzen können und gleichzeitig
entschlüsseln, was andere wirklich denken: von Flirt-Signalen bis
zum Gespräch mit dem Chef. Mit zahlreichen Fotos und DVD.

Bibliografische Information der Deutschen Nationalbibliothek
Die Deutsche Nationalbibliothek verzeichnet diese Publikation in der Deutschen Nationalbibliografie; detaillierte bibliografische Daten sind im Internet über http://dnb.ddb.de abrufbar.

ISBN 978-3-86910-478-2 (Print)
ISBN 978-3-86910-599-4 (PDF)
ISBN 978-3-86910-909-1 (EPUB)

Die Autorin: Ann-Christin Baßin hat zahlreiche Artikel zu psychologischen Themen veröffentlicht. Als erfolgreiche Journalistin und Autorin weiß sie, wie wichtig ein sicheres Auftreten ist, um Erfolg zu haben.

3. Auflage

© 2010, 2014 humboldt
Eine Marke der Schlüterschen Verlagsgesellschaft mbh & Co. KG,
Hans-Böckler-Allee 7, 30173 Hannover
www.schluetersche.de
www.humboldt.de

Lektorat: Annerose Sieck, Neumünster
Layout: Sehfeld, Hamburg
Covergestaltung: Kerker + Baum Büro für Gestaltung, Hannover
Illustrationen: Werner Pollak, Hannover
Satz: PER Medien+Marketing GmbH, Braunschweig
Druck und Bindung: Grafisches Centrum Cuno GmbH & Co. KG, Calbe

Hergestellt in Deutschland.